Sammlung Göschen

Römische Rechtsgeschichte

Von

Dr. Robert von Mayr

Prof. an der Deutschen Universität Prag

I. Buch

Die Zeit des Volksrechtes

2. Hälfte: Das Privatrecht

Leipzig

G. J. Göschen'sche Verlagshandlung

1912

Druck der Spamerschen Buchdruckerei in Leipzig

Inhalt.

Seite

Erstes Kapitel: Die Familie.

Als Grundlage des römischen Rechts- und Wirtschaftslebens kann die geschlossene Hauswirtschaft, die bäuerliche Hausgenossenschaft gelten. Die Sippe, die Geschlechtsgenossenschaft, die gens, ursprünglich wohl die Trägerin des Eigentumes an Grund und Boden, ist in absehbarer historischer Zeit lediglich auf die Gemeinschaft des Namens gestellt, durch die Gemeinsamkeit des Kultes (sacra) zusammengehalten, mit unbedeutenden Rechtswirkungen auf dem Gebiete des Vormundschafts- und Erbrechtes ausgestattet. In diesen Wirkungen erschöpft sich auch die Bedeutung der Agnation, der bürgerlichen im Gegensatze zu der als solcher vom älteren Recht ignorierten Blutsverwandschaft, des Verbandes der Gentilgenossen, die ihre Zusammengehörigkeit positiv erweisen, die Zwischenglieder (gradus) nachweisen können, die jeden von ihnen von dem gemeinschaftlichen Stammvater trennen der Geschlechtsgenossen erweis- und zählbaren Grades — die Zeugung als Einheit genommen —, die nicht durch das gemeinsame Haus verbunden sind.

Das Haus und alles was dazu gehört, das gesamte Hauswesen, bildet die familia. Ihr Herr und Haupt ist der pater familias. Nur der pater familias, is qui in domo dominium habet, ist vollwertiges Rechtssubjekt. Das drückt vielleicht auch die Bezeichnung des römischen Vollbürgers als Quiris aus, die etymologisch doch wohl am ehesten als *ὁ τὸ κῦρος ἔχων*, als *κύριος ἑαυτοῦ τῶν ἑαυτοῦ* auszudeuten ist, und dann auch die Bezeichnung des Rechtes überhaupt als ius Quiritium, als Herrenrecht.

Die Rechtsfähigkeit, die Fähigkeit, Subjekt von Rechten zu sein, erscheint demnach für das ältere Recht nicht als Ausfluß der Persönlichkeit überhaupt, sondern bloß als Eigenschaft besonders qualifizierter Personen, der Vollbürger, die zugleich Familienhäupter sind. Sie fehlt vor allem dem Fremden, dem die römische Rechtsordnung weder Rechte gewährt noch Pflichten auferlegt, der aber, soweit er unter Schutzvertrag steht, dem bald anerkannten Prinzipe der Personalität des Rechtes gemäß nach dem Rechte seiner Heimatsgemeinde lebt. Das ist noch der Standpunkt des ältesten Handelsvertrages zwischen Rom und Karthago, der erst in einer viel späteren Zeit durch die Anerkennung eines internationalen Verkehrsrechtes, des ius gentium, abgelöst wurde.

Fremder in diesem Sinn ist auch der Latiner trotz der zweifellos weit reichenden Übereinstimmung seiner Rechtsordnung mit der römischen. Das dem Latiner wie später auch anderen Fremden eingeräumte commercium bedeutet nur das „emendi vendendique in vicem ius", also vermutlich zwar nicht nur die Fähigkeit zur Manzipation, doch jedenfalls bloß die zur Teilnahme am rechtsgeschäftlichen Verkehr inter vivos, keineswegs volle privatrechtliche Gleichstellung, nicht die Fähigkeit zu erbrechtlichen Geschäften (Erbschaftsantritt u. a. m.), zu Besitz, zu Prozeß, daher auch nicht zu in iure cessio, zu sponsio und zu usucapio. Die anerkannte Möglichkeit, einen Latiner zu adoptieren oder zum Testamentserben zu machen, dürfte weniger eine Folge des commercium gewesen als vielmehr auf uralte Staatsverträge zurückgegangen sein. Jedenfalls schuf selbst das commercium dem Latiner nicht quiritisches Recht.

Volle Rechtsfähigkeit genoß nur der Bürger, der es durch Geburt in rechter römischer Ehe oder von einer unverehelichten Römerin, als gewesener Latiner nach den Satzungen des latinischen Bundes durch Verlegung seines Wohnsitzes nach Rom, als Angehöriger einer mit der römischen civitas bedachten Gemeinde durch diese Verleihung oder endlich als gewesener Sklave durch Freilassung geworden war. Auch durfte das Bürgerrecht nicht durch Auslieferung an einen fremden Staat kraft Völkerrechtes, durch Verkauf als Sklave ins Ausland (trans Tiberim) von Gerichts wegen, kraft väterlichen Rechtes oder Schulden halber, durch Überlaufen zum Feinde, durch Aufgabe des heimatlichen Wohnsitzes und Übertritt in einen anderen Gemeindeverband (Exil) oder durch unfreiwillige Kriegsgefangenschaft wieder verloren sein. Nur hatten, während der Verlust des Bürgerrechtes in allen übrigen Fällen endgültig eintrat, Exil und Kriegsgefangenschaft bloß die Wirkung einer Suspension des Bürgerrechtes, das in diesen Fällen mit der Rückkehr in das römische Gebiet von selbst wieder auflebte (postliminium).

In den Vollgenuß der Rechtsfähigkeit tritt erst der pater familias oder, was dasselbe sagen will, der homo sui iuris. Denn der pater familias kann auch seiner Familie Anfang und Ende zugleich sein. Der pater familias muß nicht Familienvater sein. Aber regelmäßig ist er es. Denn die Begründung der Familie, der seßhaften Hauswirtschaft, ist die Wurzel des Privatrechtes, die Frage nach der Entstehung der Familie daher die erste, die eine Geschichte des Rechtes stellen muß.

Die römische Familie wird begründet durch die Ehe, durch die Verbindung von Mann und Weib zu dauernder Lebensgemeinschaft, aber nicht durch jede Geschlechtsverbindung, sondern nur durch rechte Ehe, durch monogamische, von ehefähigen Personen in gehöriger Form geschlossene Ehe. Die römische Ehe war stets monogamisch. Das schloß Konkubinat neben der Ehe für den Mann nicht aus, während Ehebruch der Frau dem Manne das Recht gab, sie zu töten. Aber mater familias ist nur die rechte Ehefrau. Nur ihre Kinder sind filii und filiae familias (sui, liberi) des Mannes.

Rechte Ehe setzt Ehefähigkeit von Mann und Frau, conubium voraus. Sie fehlt Geschlechtsunreifen (Unmündigen) und im Gegensatze zu anderen Völkern des Altertums bei den Römern von jeher nahen Verwandten. Sie fehlt ferner bis zur lex Canuleia (309 a. u. c. = 445 a. Ch. n.) zwischen Patriziern und Plebejern. Sie fehlt endlich Fremden, soweit ihnen das conubium nicht ausdrücklich verliehen ist. Plebejern und Fremden offenbar aus politischen Gründen, weil das conubium der Frau — der umgekehrte Fall, daß die Römerin einen Fremden, die Patrizierin einen Plebejer heiratet, ist praktisch weniger bedeutsam — den Eintritt in die Familie des Mannes und damit in das volle Bürgerrecht eröffnet und die Scheidewand zwischen Römern und Nichtrömern, Patriziern und Plebejern durchbricht. In diesem Sinne läßt sich das conubium bis zu einem gewissen Grad auch der germanischen Ebenburt vergleichen. Andererseits reicht das conubium des Fremden nicht über die Fähigkeit zur Eheschließung hinaus. In diesem Sinne dem commercium gleichstehend gewährt es dem Fremden, der eine Römerin heiratet, nicht patria potestas über die aus solcher Ehe geborenen Kinder.

Was nun die Form der Eheschließung anbelangt, so wird wohl wie allenthalben auch bei den Römern der Frauenraub den Ausgangspunkt gebildet haben. Nicht als ob die Geschichte bei jedem Volke wieder von den Uranfängen beginnen müßte. Denn der Raub der Sabinerinnen wird kaum mehr als ein ätiologisches oder dichterisches Märchen sein. Aber die Bräuche der Ahnen werden auch auf die ältesten Formen der römischen Ehe noch zurück gewirkt haben. Insofern wird man im römischen Brautkauf eine Fortbildung der alten Raubehe erblicken und die Eheschließung usu vielleicht als Rest eines noch früheren Entwicklungsstadiums ansehen dürfen. Als Beweis dafür könnte man schon die von den Quellen ständig beliebte Reihenfolge gelten lassen, in der sie die drei Eheformen der historischen Zeit anführen. Noch stichhaltiger dürfte die analoge Erscheinung bei zahlreichen anderen Völkern sein, daß die Raubehe regelmäßig erst durch Ablauf einer bestimmten Zeit legalisiert wird. Endlich entspricht es zwar gewiß einem entwickelten Rechtszustande, den bei einer anderen Form der Eheschließung unterlaufenen Formmangel durch Zeitablauf zu heilen. Dagegen ist eine derart feine juristische Auffassung wenig wahrscheinlich für Zeiten des Faustrechtes, wie sie den Zwölftafeln vorangingen. Vielmehr wird man in dieser Verwendung des usus bereits eine Übertragung von dem rohen Gebilde der Raubehe auf die konstruktiven Formen der coemptio und confarreatio zu erblicken haben. Aus demselben Grund ist wohl auch die usurpatio trinoctii, die Unterbrechung des einjährigen usus durch Entfernung der Frau aus dem Hause des Mannes für drei Nächte, als ein Kunstgebilde der Zwölftafeln anzusprechen.

Sehr früh mag sich der Brautkauf (coemptio) in den üblichen Formen des Kaufes, per aes et libram, eingebürgert haben. Ursprünglich war es wohl ein wirklicher Verkauf der Braut durch ihren Gewalthaber (Vater, Vormund) an den Bräutigam. Darauf deutet namentlich das in der Form der sponsio geschlossene und darum gewiß jüngere Verlöbnis (sponsalia) hin, das trotzdem noch ein Versprechen des Gewalthabers der Braut an den Bräutigam oder, falls er gewaltunterworfen war, an dessen Gewalthaber war, die Braut zu übergeben (eam in matrimonium datum iri). Ja, auch später noch scheint die coemptio der Frau vom Geschlechtsvormund vorgenommen und nur mit einem beiderseitigen Versprechen der Brautleute selbst verbunden worden zu sein, das allmählich als die Hauptsache angesehen wurde, so daß man meinen konnte, die Frau selbst erscheine nun auch als Subjekt des Kaufaktes.

Hohen Alters, doch gewiß jünger als die coemptio, ist

endlich auch die confarreatio, die Eheschließung in Form des Opfers eines Speltkuchens (farreus panis) an Jupiter unter feierlichen Worten (verba certa et sollemnia) vor zehn Zeugen (als Vertreter der zehn Kurien?), vor dem pontifex maximus und dem flamen Dialis. Sie ist nicht so sehr religiöse Form der Eheschließung im Gegensatze zur profanen coemptio. Denn religiöse Formen, Auspizien, Opfer und Gebete werden bei jeder Eheschließung üblich gewesen sein. Sie ist vielmehr Patrizierehe, wahrscheinlich erst bei Ausbildung des Adels zur Reinerhaltung der Adelsgeschlechter künstlich geschaffen, anscheinend stets den Patriziern vorbehalten, jedenfalls für den rex sacrorum und die großen flamines unerläßlich, die aus solcher Ehe geboren sein und in solcher Ehe leben mußten.

Die also begründete Ehe unterwarf die Frau der Gewalt des Mannes, dessen manus, womit ursprünglich, wie mit der germanischen stammverwandten Munt und wie wohl ebenfalls schon von alters her mit potestas, die hausväterliche Gewalt des römischen Bürgers überhaupt, die gesamte Gewalt des Hausherrn über sein Haus, wie der Zusammenhang mit der mancipatio dartut, ebenso über beseelte wie über unbeseelte Objekte bezeichnet wurde. Die terminologische Beschränkung der manus auf das Gewaltverhältnis über die Frau trat vermutlich ein, seitdem Ehe und Gewalt über die Frau nicht mehr notwendig zusammenfielen, auch Ehe ohne eheherrliche Gewalt, ohne manus möglich war, so daß sich die Notwendigkeit ergab, Ehe mit und ohne Gewalt auseinander zu halten. Wann und wie das geschah, ist nicht mit Sicherheit zu sagen. Sicher wohl nur, soweit Sicherheit in solchen Dingen möglich ist, daß die Abspaltung allmählich stattfand, wahrscheinlich, daß Ehe ohne manus als ein geduldetes Zwitterverhältnis zuerst dort Platz griff, wo das fehlende conubium keine Vollehe gestattete, also wohl zwischen Patriziern und Plebejern, solang ihnen das conubium fehlte, der Plebejerin die Aufnahme in die Gentil- und Familiensakra einer patrizischen Familie versagt war, der Sohn einer Plebejerin nicht Patrizier werden konnte. Dieser Mangel des conubium konnte auch nicht durch usus geheilt werden. Das macht zugleich und allein die Ehe ohne manus wenigstens für den Anfang als Massenerscheinung verständlich. Das erklärt es endlich auch, daß die Rechtswissenschaft schließlich auf künstliche Weise zu sichern suchte, was sich, natürlich entstanden, bewährte. Das gelang ihr durch das Kunstprodukt des trinoctium, das es ermöglichte, auch solche Ehen, die durch usus Vollehen werden könnten, als Ehen ohne manus aufrecht zu halten.

Für die Ehe ohne manus fehlt demnach nicht nur eine feierliche Form der Eheschließung, sondern anfänglich auch die heiligende Kraft des usus. Sie kommt durch bloßen consensus zustande und gleicht daher äußerlich dem Konkubinat, von dem sie nur ein inneres Moment, der affectus, die affectio maritalis, die Absicht der Familiengründung, die Vereinigung liberorum quaerendorum causa unterscheidet, die aus den begleitenden Umständen, zumeist aus wirtschaftlichen Merkmalen, namentlich aus der Dotierung der Frau, erschlossen werden muß und kann.

So wesentlich der Unterschied zwischen Vollehe und freier Ehe für das Gewaltverhältnis ist, insofern die Frau durch Vollehe als Person und mit ihrem gesamten Hab und Gut in die Gewalt des Mannes fällt, mater familias wird, aus ihrer bisherigen Familie ausscheidet, in der freien Ehe frei und Herrin ihres Vermögens oder ihrem bisherigen Gewalthaber unterworfen bleibt (matrona, uxor), so gleichgültig ist dieser Unterschied für das eheliche Verhältnis. In jedem Fall ist die Frau die Genossin des Mannes. Die Ehe ist zwar nicht dogmatisch untrennbar. Die Ehe kann gelöst werden (divortium), wenn auch die der confarreatio entsprechende diffarreatio vielleicht erst — dafür spricht die Unlösbarkeit der Ehe des flamen Dialis noch in historischer Zeit — einer späteren Zeit angehört. Daß sie tatsächlich ursprünglich gar nicht, später nur ausnahmsweise geschieden wurde, erhellt aus der Sage, die die erste Ehescheidung in das sechste Jahrhundert der Stadt verlegt. Möglich, wenn man derselben Sage glauben darf, daß sie anfänglich nur der Mann wegen Unfruchtbarkeit der Frau begehren konnte (repudiatio). Bloß der Tod, der natürliche und der bürgerliche, löst regelmäßig die Ehe.

Die Ehe ist die Wurzel der hausherrlichen Gewalt. Sie unterwirft die Frau (in manu), die, wie es technisch heißt, filiae loco, in das Verhältnis einer Tochter zu ihrem Mann, in das einer Schwester (sororis loco) zu ihren Kindern tritt, mit allem, was zu ihr gehört und was aus ihr entsteht, also auch die Kinder der Gewalt des Mannes — patria potestas. Diese ursprüngliche Vorstellung erfuhr in dem Augenblick eine einschneidende Wandlung, in dem die Ehe ohne manus auftrat und das natürliche Band zwischen Vater und Kindern der Frau zerschnitt. Seitdem mußte man sich für das Verhältnis zwischen Vater und Kindern mit der Möglichkeit einer Manusehe begnügen, die Gewalt des Vaters über die Kinder damit begründen, daß die Mutter in manu stände, wenn die manus nicht künstlich ausgeschaltet wäre.

Diese hausherrliche Gewalt ist unbeschränkt im Innern des Hauses und nach außen, macht aber auch ihren Inhaber nach außen haftbar für die Familie. Sie ist unbeschränkt nach innen. Sie gibt ausschließliche, die ordentliche Gerichtsbarkeit hemmende Gewalt über Leben und Tod (ius vitae ac necis), deren Ausübung erwachsenen Hausgenossen gegenüber durch die Sitte an die Zustimmung des Familienrates geknüpft war, während die Aussetzung Neugeborener schon darum dem Ermessen des Hausherrn anheimgegeben war, weil erst und nur sein Willensakt (liberos tollere, suscipere), nicht schon die Geburt das Kind zum Hausgenossen machte, was für diese Zeit zugleich die Vermutungen des späteren Rechtes zugunsten der ehelichen oder unehelichen Geburt entbehrlich machte. Sie gewährt ferner das Recht, die Gewaltunterworfenen in fremde Gewalt zu geben (mancipium), ja sogar ins Ausland (trans Tiberim) als Sklaven zu verkaufen, allerdings später, möglicherweise erst seit der Abspaltung der manus von der gemeinen Hausgewalt, mit Ausnahme der Frau. Sie gibt endlich Gewalt über Hab und Gut der Hausgenossen. Was sie besitzen oder erwerben, mag es ihnen auch faktisch belassen sein (peculium), ist rechtlich Eigen des Hausherren.

Die hausherrliche Gewalt ist unbeschränkt auch nach außen. Sie gibt das Recht, alles, was zum Hause gehört, alles, was in die manus oder potestas fällt, Lebendes und Lebloses, mit derselben Klage (vindicatio) in Anspruch zu nehmen, wenn ein anderer es ohne Willen des Gewalthabers an sich genommen. Sie verschafft ferner dem Gewalthaber alle Rechte, die ein Gewaltunterworfener Dritten gegenüber erworben, nicht bloß in dem Sinne, daß der Erwerb dem Gewalthaber zugute kommt, sondern so, daß der Gewalthaber allein berechtigt ist. Es ist mit anderen Worten für das ältere Recht wohl mit Grund anzunehmen, daß dem Gewaltunterworfenen die Rechtsfähigkeit fehlte, daß er, ob er wollte oder nicht, nur Organ des Gewalthabers war, daß er Eigentum, Forderungen, Zuwendungen von Todes wegen von vornherein nicht im eigenen Namen, sondern nur als Organ des Gewalthabers erwerben konnte. Für den Sklaven (servus und mancipium) ist es noch in historischer Zeit nicht anders und niemals anders geworden. Auch für die filia familias und damit auch für die Frau in manu, die ja filiae loco steht, ist das nicht zweifelhaft, seitdem wir das klare Zeugnis des Gajus besitzen. Aber auch für den filius familias wird es in dieser älteren Zeit anzunehmen sein. Nicht „in rebus publicis". In staatsrechtlicher Hinsicht scheint sich das Vorrecht des pater familias darauf beschränkt zu haben, daß nur er Senator sein konnte. Privatrechtlich ist der Haussohn dagegen nur Organ des Gewalthabers. Er besitzt zwar conubium und commercium, aber nicht zu eigenem Recht, sondern als Glied der Familie des Gewalthabers. Er schließt eine rechte Ehe, aber seine Frau und Kinder fallen nicht in seine, sondern in seines Gewalthabers Gewalt. Aus den von ihm erworbenen Rechten erwächst nicht ihm, sondern dem Gewalthaber das Klagerecht. Denn nur im eigenen Namen kann man lege agere. Der Haussohn kann aber nicht behaupten, daß er Eigentümer, Gläubiger sei, da er jedenfalls dem Gewalthaber erworben hat. Erst späte Juristen geben dem Sohne Klagen im eigenen Namen und für einzelne Fälle. Eine ihm zugefallene Erbschaft kann er noch spät nur iussu patris erwerben.

Daran ändert auch der Bestand eines Pekuliums nichts. Das Pekulium ist ein dem Gewaltunterworfenen, in erster Linie wohl dem mit der selbständigen Bewirtschaftung einer Herde oder eines Gutes Betrauten, als Anreiz seines Fleißes, zur selbständigen Verwaltung, als tatsächliches Sondergut überlassenes Vermögensstück („Schäfchen"). Das konnte auch in der Weise geschehen, daß der Herr den Sklaven oder Haussohn als Bauern oder Gewerbetreibenden „ansetzte". Rechtlich ist auch dieses Pekulium Eigentum, Vermögen des Herren. Diese Sachlage ist nur dadurch scheinbar verdunkelt, daß das Pekulium dem Inhaber die Möglichkeit gewährt, Geschäfte mit dem Gewalthaber und mit Dritten zu schließen, das Pekulium dadurch zu vermehren und zu verringern, insofern diese Verhältnisse in späterer Zeit rechtliche Anerkennung erhielten. In dieser Zeit sind sie dagegen von der freien Gestattung des Herren abhängig.

Um so weniger bestand Verpflichtungsfähigkeit für den Gewaltunterworfenen, faktisch nicht, weil er nichts besaß, womit er sich verpflichten konnte, rechtlich nicht, weil die Gewalt des Gewalthabers über ihn Zwangsvollstreckung gegen ihn, die damals nur Personalexekution war, durch Außenstehende unmöglich machte. Während aber die Erwerbshandlungen des Gewaltunterworfenen den Gewalthaber ohne weiteres berechtigten, konnten ihn seine Verpflichtungsakte nicht in demselben Maße verpflichten. Jedenfalls nicht Rechtsgeschäfte. Denn darin läge eine Verfügung über das Vermögen des Gewalthabers, zu der dem Gewaltunterworfenen Fähigkeit und Berechtigung fehlen. Gewisse Möglichkeiten solcher Art gehören erst der späteren Zeit, der prätorischen Rechtsbildung an. Haftung des Gewalthabers für die Familie tritt nur ein wegen Rechtswidrigkeit, im Falle der durch irgend ein Glied (mater-, filius-, filia familias) oder Stück der Familie (Sklaven, Tiere) angerichteten Beschädigung (noxia). Er muß den Schaden gutmachen (noxiam sarcire) oder den Schuldigen ausliefern (manzipieren, in noxam dedere). Das ist nicht Haftung für fremdes Verschulden. Denn der Anspruch wandert mit dem schuldigen Haupte (noxa caput sequitur), trifft den jeweiligen Gewalthaber. Es ist Haftung als Gewalthaber. Wer die Gewalt über jemanden hat, muß für dessen Unrecht aufkommen, weil seine Gewalt die Verfolgung des Schuldigen aufhält.

Diese nach innen und außen unbeschränkte hausherrliche Gewalt ist überdies ursprünglich unzerstörbar. Sie dauert grundsätzlich, solange Gewalthaber und Gewaltunterworfener leben, gleichgültig wie alt der eine und der andere sein mögen, in welcher sozialen oder politischen Stellung der Unterworfene stehen mag. Nur die Stellung des flamen Dialis und der vestalischen Jungfrau macht gewaltfrei. Selbst der Verkauf des Gewaltunterworfenen, die mancipatio, suspendiert das Gewaltverhältnis bloß, läßt es sofort wieder aufleben, wenn das Verhältnis zwischen dem mancipium und seinem derzeitigen Gewalthaber gelöst wird.

An diesem Punkte setzte jedoch die Bewegung den Hebel an, die als Mäßigung des rücksichtslosen Herrenrechtes angesehen werden kann und bereits im Zwölftafelrecht mehrfachen Ausdruck findet, wie in der Anerkennung der Ehe ohne manus, in der Treupflicht des Patrones gegenüber dem Klienten und in der Gewährung des Rechtes, daß für den Proletarier ein Proletarier als vindex auftreten dürfe, womit für den Proletarier ein Grund mehr beseitigt wurde, sich in die Klientel eines Ansässigen (adsiduus) zu begeben. Die Zwölftafeln stellten nämlich auch den Satz auf — vielleicht rezipierten sie ihn auch nur aus dem schon geltenden Rechte —, daß der filius familias, den sein Vater dreimal verkauft habe — bei anderen Gewaltunterworfenen begnügte man sich dank dem Schweigen des Gesetzes sogar mit einmaligem Verkauf —, endgültig aus der Gewalt des Vaters trete. Damit war die Möglichkeit einer zeitlichen Begrenzung des Gewaltverhältnisses gegeben. Was das Gesetz vielleicht verfügt hatte, um dem Mißbrauche der Gewalt vorzubeugen, konnte dazu dienen, das Gewaltverhältnis absichtlich aufzuheben. Das war der Sinn der daraus entwickelten, wenn dieser Satz eine Schöpfung der Zwölftafeln war, daher erst nach dieser Gesetzgebung ausgebildeten Emanzipation.

Um den gewünschten Erfolg herbeizuführen, manzipierte der Gewalthaber den filius familias dreimal (einen anderen Gewaltunterworfenen einmal) einem Vertrauensmann (fiduciae causa), der das mancipium jedesmal sofort freiließ, wodurch es in die Gewalt des pater familias zurückfiel, das letzte Mal aber gänzlich frei wurde und damit auch aus seiner bisherigen Familie endgültig ausschied.

In mancipium konnte der Gewaltunterworfene aus

mancherlei Gründen kommen, zumeist wohl noxiae causa oder um die notleidende Familie zu entlasten und ihr aus dem Erlös ein Einkommen zu verschaffen. In diesem Sinne kann man die causa mancipii vielleicht als die älteste Form der Verdingung, des Dienstvertrages ansehen. Dazu würde es stimmen, daß das Verhältnis nicht auch die Kinder des davon Betroffenen ergriff, die anscheinend von jeher, mochten sie früher oder später geboren sein, in die Gewalt des Großvaters fielen, und daß das Verhältnis in demselben Maß an selbständiger Bedeutung verlor, auf die künstliche Verwendung zu Emanzipations- und Adoptionszwecken beschränkt wurde, in dem sich der freie Dienstvertrag entwickelte.

Auch die Emanzipation war wohl von Haus aus kaum im Interesse des Emanzipierten erdacht, um ihm die volle privatrechtliche Selbständigkeit zu verschaffen. Dagegen spricht schon die praktische Folge der Emanzipation, daß der Emanzipierte kraft rechtens die Schwelle des Hauses als Bettler verließ, da, was er bisher erworben hatte, Vermögen des Gewalthabers geworden war. Für die Emanzipation werden vielmehr dieselben Erwägungen maßgebend gewesen sein, die für die Kinderaussetzung und für das ver sacrum entscheidend waren, der Wunsch, eine Zersplitterung des Grundbesitzes zu vermeiden, das Erbgut den im Hause Zurückbleibenden ungeschmälert zu erhalten. Darum wurde wohl auch dem Emanzipierten in der Regel sein Pekulium als Erbabfindung belassen.

Umgekehrt machte sich schon frühzeitig das Bedürfnis geltend, den Mangel an Nachkommenschaft künstlich zu ersetzen. Auch dafür waren wohl in erster Linie wirtschaftliche Gründe, der Wunsch nach billigen und dauernden Arbeitskräften, zum Teil sicherlich auch religiöse Vorstellungen, die Absicht, dem Erlöschen des Familienkultes vorzubeugen, sich die Totenopfer zu sichern, also Namen und Geschlecht fortzupflanzen, maßgebend. Auch dazu ließ sich die Regel verwenden, daß drei- oder einmalige Manzipation den Gewaltunterworfenen frei mache. Nur mußte an die Entlassung aus dem väterlichen Haus ein zweiter Akt anschließen, der das neue Gewaltverhältnis begründete. Das war ein gerichtlicher Vorgang, die noch zu erörternde in iure cessio, die darin bestand, daß der künftige Gewalthaber den Entlassenen vor dem Gerichtsherren als seinen Gewaltunterworfenen in Anspruch nahm, daß der bisherige Gewalthaber diesen Anspruch anerkannte und der Gerichtsherr den zu Adoptierenden dem Adoptivvater addizierte.

Auch die Adoption basiert daher erst auf dem Zwölftafelsatz und gehört deshalb aller Wahrscheinlichkeit nach als ein Produkt der Rechtswissenschaft erst der Zeit nach den Zwölftafeln an. Das Bedürfnis der Kindesannahme zählt dagegen wohl zu den ältesten Rechtsbedürfnissen, das damals nur durch Arrogation (adrogatio), durch Aufnahme eines homo sui iuris in die Familie befriedigt werden konnte. Diese Arrogation vollzog sich in der Volksversammlung. Sie setzte daher auf beiden Seiten Fähigkeit zur Teilnahme an der Volksversammlung — Bürgerrecht, männliches Geschlecht, Mündigkeit — voraus. Sie geschah unter Mitwirkung (Vorsitz? comitia calata?) der Pontifizes durch Erklärung beider Teile und Erteilung des Vollwortes der Gemeinde (populi auctoritate). Sie unterwarf den Arrogierten mit Hab und Gut der Gewalt des Adoptivvaters.

Nicht die Zeugung, nicht die Blutsverwandtschaft (cognatio), sondern nur das Gewaltverhältnis schuf rechtliche Beziehungen, bürgerliche Verwandtschaft (adgnatio), die zugleich Blutsverwandtschaft sein konnte, aber nicht — Adoption, Arrogation — sein mußte. Darum bestand auch Verwandtschaft zwischen Mutter und Kind nur, wenn sie derselben Gewalt unterworfen waren, wenn die Mutter in

Manusehe lebte. Darum war das uneheliche Kind überhaupt verwandtenlos, weder mit Vater, noch mit Mutter verwandt. Auch die Möglichkeit durch Legitimation einem unehelichen Kinde nachträglich die Stellung eines ehelichen Kindes zu verleihen bestand damals nicht. Den einzigen Ausweg bot die Arrogation.

Dagegen erstreckte sich die Gewalt des Hausherren auch auf die Knechte, Sklaven: dominica potestas. Der ursprüngliche Entstehungsgrund der Knechtschaft war wohl der Krieg, wie bei den Römern, so allenthalben, so daß die Sklaverei von den Römern stets als gemeinmenschliche, als Einrichtung des ius gentium angesehen wurde. Der besiegte Feind wurde getötet oder unterjocht (dediticius), um durch öffentlichen Verkauf zugunsten des Staatsschatzes (sub corona vendere) Sklave des Erstehers (sector) zu werden, falls ihn nicht das vom Feldherren eingeräumte Recht der Plünderung sofort zum Knecht des Beutemachers gemacht hatte. Sklave war ferner das Sklavenkind, gleichgültig wer Vater des Kindes war. Das Kind folgte dem Schicksal der Mutter, die als Sklavin nicht in rechter Ehe stehen konnte. Entscheidend war ursprünglich die Rechtslage der Mutter im Augenblicke der Geburt. Erst in einer späteren Zeit setzte es der favor libertatis durch, daß das Sklavenkind als frei galt, wenn die Mutter zwischen Empfängnis und Geburt auch nur vorübergehend frei war. Sklave konnte endlich aus schon erörterten Gründen der Römer selbst werden.

Neben dem Sklaven (servus) steht anscheinend von jeher das mancipium, das vom Gewalthaber in fremde Gewalt gegebene Hauskind, und die unterschiedslose Bezeichnung des Sklaven selbst als servus oder mancipium deutet darauf hin, daß die Lage beider wenigstens ursprünglich dieselbe war. Nur scheint die causa mancipii unübertragbar, der Gewalthaber nicht berechtigt gewesen zu sein, das mancipium an einen Dritten zu veräußern. Auch bestand vielleicht von Anfang an die später durch actio iniuriarum geschützte Verpflichtung, gegen das mancipium nicht contumeliose zu handeln.

Während das Hauskind durch den Tod des Gewalthabers sui iuris, sein eigener Herr wurde, wechselte der Sklave in diesem Falle nur seinen Herren. Das Hauskind besitzt juristische Persönlichkeit, die, durch das Gewaltverhältnis nur gebunden, mit dessen Wegfall frei wird. Der Sklave ist Sache. Auch die Herrenlosigkeit macht ihn nicht frei, sondern berechtigt nur jeden Dritten, ihn wie eine andere Sache sich anzueignen. Er ist Eigentum. Er kann daher auch im Miteigentum mehrerer stehen (servus communis). Er kann Gegenstand eines ius in re aliena sein. Er hat keine Familie. Seine Geschlechtsverbindung (contubernium) ist keine Ehe. Er hat kein Vermögen, weder Eigentum noch Forderungen oder Schulden. Was er erwirbt, gehört dem Herren, der für seine Verpflichtungen nicht anders einsteht als für die des Hauskindes (noxia). Er kann vor Gericht weder klagen noch geklagt werden.

Trotzdem wäre es verkehrt, sich das Los des altrömischen Sklaven allzu düster auszumalen. Es war kaum ein anderes als das des heutigen Bauernknechtes. Gleich ihm hat er in der Regel Rasse, Kultur und Bildung mit seinem Herrn gemein, ist er vermöge der anfangs vermutlich geringen Zahl von Sklaven ein kostbares und darum schon guter Behandlung sicheres Gut. Auch schützt ihn die Erwägung, daß allezeit dem Herren durch Kriegsgefangenschaft dasselbe Los droht. War der Sklave zwar Sache im Rechtssinne, so war er eben doch auch Mensch, und das erforderte eine stetig zunehmende Anerkennung seiner Persönlichkeit, der persona servi. Dafür ist nicht so sehr die Haftung des Herren für Delikte des Sklaven ins Treffen zu führen, die ebenso für Tiere und selbst für leblose Objekte eintrat. Eher läßt sich schon darauf verweisen, daß der Sklave anscheinend sehr früh eigenes Vermögen zur selbständigen Verwaltung (peculium) erhielt und daß er von jeher die Fähigkeit besaß, als Organ seines Gewalthabers Rechtsgeschäfte zu schließen, Rechte zu erwerben. Auch wurde die Sklavenehe dem Verwandtschaftsverbot unterstellt. Ferner gab die „Beleidigung" des Sklaven dem Herrn eine actio iniuriarum. Vor allem konnte aber der Sklave durch Freilassung vollberechtigtes Rechtssubjekt werden.

Möglich, daß sich auch in Rom die Freilassung erst allmählich einbürgerte, daß das älteste römische Recht keine den Herren bindende Freilassung kannte. Man hat namentlich an eine, dem griechischen Hierodulendienst ähnliche Freilassung sacrorum causa als älteste Form der Freilassung gedacht, die den Sklaven nicht rechtlich freigemacht, sondern nur tatsächlich und widerruflich dem Dienste der Gottheit geweiht hätte. Aber es fehlt an greifbaren Anhaltspunkten für diese Annahme. Eine zumeist dafür in Anspruch genommene Festusstelle scheint, richtig verstanden, auf eine spätere prätorische Freilassungsform bezogen werden zu müssen. Vielmehr kennt wohl schon die ältere Zeit wirkliche Freilassungsformen: censu, vindicta, testamento. Censu, durch Eintragung des Sklaven in die Bürgerliste anläßlich des Zensus (iussu domini?, mit Zustimmung des Herren?). Vindicta, durch Stabfreilassung in Form der in iure cessio, der streitlosen legis actio zwischen dem Herren und dem adsertor libertatis, der durch vindicatio in libertatem die Freiheit für den Sklaven in Anspruch nahm, die durch das „formelle" Stillschweigen des die contravindicatio unterlassenden Herren anerkannt und durch addictio, Beispruch des Gerichtsherren, von Staats wegen bekräftigt, genehmigt wurde. Testamento, durch letztwillige Verfügung im Testament.

Immerhin ist die Freiheit doch wohl kein privatrechtlicher, sondern ein öffentlichrechtlicher Begriff, so daß der Verzicht des

Herren auf seine Herrschaft zwar wirksam war, aber für sich allein sicherlich nicht einen freien Mann, einen römischen Bürger schaffen konnte. Die öffentlich rechtliche Bedeutung der Freilassung erforderte offenbar nicht bloß Öffentlichkeit des Freilassungsaktes, sondern auch die Mitwirkung öffentlicher Organe, die gewährt, aber auch verweigert werden konnte. Der Zensor konnte die Eintragung in die Bürgerliste, der Gerichtsherr die addictio, die Volksversammlung ihr Vollwort zu dem Testamente versagen. Der private Willensakt mußte mit dem Interesse des Gemeinwesens im Einklange stehen. Dafür sorgte schon in dieser Zeit die staatliche Kontrolle, die in der Form der Freilassung zum Ausdrucke kam. Sie erreichte damit, was in der Zeit des Überwiegens der Privatwillkür einschränkende Sondergesetze bezweckten. In beschränkendem Sinne wirkte wohl auch die schon seit dem vierten Jahrhundert (397 a. u. c.) bestehende fünfprozentige Steuer, der die Freilassungen jahrhundertelang unterworfen blieben.

Dieser Gesichtspunkt gestattet endlich auch in gewissen Grenzen eine Bestimmung des zeitlichen Verhältnisses der drei Freilassungsformen zueinander. Die Freilassung vindicta stellt zwar vermutlich — schon ihre Bezeichnung nach einem einzelnen in die Sinne fallenden Bestandteil des Vorganges im Gegensatze zu der stark nach juristischer Gelehrsamkeit schmeckenden Bezeichnung der in iure cessio deutet darauf hin — den Urtypus der in iure cessio dar, ist aber trotzdem kaum weit über die Zwölftafeln zurück zu rücken. Die Freilassung testamento äußerte ihre volle Wirkung wohl nur als „publizistischer Akt", in comitiis calatis, als solcher aber, da schon die Zwölftafeln den statu liber kennen, sicherlich bereits damals seit längerer Zeit. Die Freilassung censu endlich ist vielleicht, wenn man sich von der hier ebenso wie bei der in iure cessio irrigen Vorstellung frei macht, daß es sich um einen Scheinakt, um eine Täuschung der Obrigkeit handle, als die älteste anzusehen. Denn der census gehört zweifellos zu den ältesten, vermutlich schon in die Königszeit zurückreichenden Einrichtungen und bot darum wohl die früheste Möglichkeit, die Freilassung an ihn anzulehnen.

Die rechte Freilassung macht den Freigelassenen zum römischen Bürger. Doch genießt der Freigelassene nur ein Bürgerrecht minderen Grades. In politischer, staatsrechtlicher Beziehung entbehrt der Freigelassene (libertinus) — und als solcher galt wenigstens in älterer Zeit auch noch der Sohn, niemals der Enkel des Freigelassenen — das ius honorum, die Senats- und anscheinend seit der Mitte des fünften Jahrhunderts auch die ihm bis dahin zustehende Wehrfähigkeit, besaß er also nur das dem grundbesitzlosen Bürger zustehende Stimmrecht in der Volksversammlung. Auf privatrechtlichem Gebiete fehlte ihm das conubium mit Freigeborenen (ingenui) bis Augustus und unterstand er dem auf dessen Nachkommen vererblichen Patronatsrechte des Freilassers, dessen Namen er erhält: M(arcus) Tullius, M(arci) l(ibertus), Hermodorus (der frühere Sklavenname), und dem er obsequium, operae, bona schuldet; obsequium, die Unterwürfigkeit des Haussohnes, die ihn der häuslichen Gerichtsbarkeit unterwirft und ihm verbietet, den Patron vor Gericht zu fordern; operae, Dienstleistungen, wie die jüngste Forschung erwiesen hat, nicht bald officiales (Gefälligkeitsdienste), bald fabriles (professionelle, geldwerte Arbeit), sondern stets officiales (Ehrendienste), die ihrem Inhalt nach fabriles, gleich denen eines unabhängigen Handwerkers, sein können, aber stets dieselbe rechtliche Wirkung äußern, Klagbarkeit, wenn sie entsprechend bedungen sind, Klaglosigkeit, wenn das nicht der Fall ist; bona, wechselseitige Unterhaltspflicht, Erbrecht und Vormundschaftsrecht des Patrons gegenüber dem libertus.

Der einschneidende Unterschied zwischen Freigeborenen und Freigelassenen läßt es begreiflich erscheinen, daß Anmaßung der Ingenuität nicht geduldet wurde. Sie wurde später kraft ausdrücklicher Bestimmung, aber wohl von jeher durch Koerzition oder kriminell verfolgt. Umgekehrt mußte es, wie der Gewalthaber seinen Gewaltunterworfenen überall durch vindicatio (in domum, in servitutem) in Anspruch nehmen durfte, auch dem zu Unrecht Festgehaltenen (oder bloß als Freigelassener Behandelten?) möglich sein, sein Recht auf (Voll-) Freiheit durchzusetzen. Auch dazu diente wohl die vindicatio (in libertatem), die aber auch für den vermeintlichen und schon darum prozeßunfähigen Sklaven ein adsertor (in libertatem) durchführen mußte.

Vollberechtigtes Rechtssubjekt ist nur der freigeborene römische Hausvorstand. Diese rechtliche Persönlichkeit, den Inbegriff aller politischen und privaten Befugnisse bezeichnet der uralte Kunstausdruck caput, womit weder auf das Familienhaupt noch auf die viel jüngere gleichnamige Rubrik im zensorischen Register angespielt zu sein scheint, sondern nur die Persönlichkeit in ihrem geistigen Zentrum, im Kopf getroffen werden soll. Die Verwendung von status in diesem Sinne gehört erst einem späteren Sprachgebrauch an und ist eigentlich niemals technisch geworden. Nur wer freigeboren (status libertatis), römischer Bürger (status civitatis) und sui iuris, pater familias (status familiae) ist, genießt volle Rechtsfähigkeit. Jede Schmälerung dieser Eigenschaften bedeutet eine Minderung der Rechtsfähigkeit (capitis deminutio), eine Änderung der Persönlichkeit, die demnach dreifacher Art sein, die Freiheit (capitis deminutio maxima), das Bürgerrecht (c. d. media) oder die Familienstellung (c. d. minima) betreffen kann.

Doch ist diese dreifach abgestufte capitis deminutio anscheinend nicht ältester Rechtsbestand. In einer Zeit, da der Fremde ebenso rechtlos war wie der Unfreie, fielen Verlust der Freiheit und des Bürgerrechtes naturgemäß zusammen.

Frei sein hieß damals liber esse ex iure Quiritium, und es ist bemerkenswert, daß der anscheinend einzige Entstehungsgrund der c. d. media, die interdictio aqua et igni, die in der Kaiserzeit das Bürgerrecht (ohne die Freiheit) entzog, zur Zeit Ciceros auch Verlust des Bürgerrechtes noch nicht zur Folge hatte. Nicht bloß die historische Wahrscheinlichkeit, sondern auch innere Gründe sprechen ferner dafür, daß die c. d. überhaupt einen einheitlichen Ausgangspunkt gehabt habe. Als solchen wird man vielleicht die Manzipation des Haussohnes ansehen dürfen, zumal sie anscheinend den ältesten und vielleicht lange Zeit einzigen Fall der c. d. minima darstellt, wenn man mit einer geläuterten Quellenkritik anzunehmen geneigt ist, daß Arrogation, coemptio und die übrigen Erscheinungen dieser Art erst relativ spät an sich mit dieser Wirkung verknüpft wurden. Wie schon erwähnt, standen aber mancipium und servus ursprünglich vermutlich gleich. Eine Spur davon kann man namentlich in dem sonst schwer verständlichen Untergang der Schulden durch c. d. minima und in der anscheinend noch in klassischer Zeit bestehenden Verpflichtungsunfähigkeit des liberum caput in mancipio finden. Dann ist es aber sehr wahrscheinlich, daß der Eintritt des Haussohnes in mancipium ursprünglich nicht bloß Verlust des Familienstandes, sondern auch den der Freiheit und des Bürgerrechtes bedeutete, daß damals auch c. d. minima und maxima eins waren. Immerhin scheint schon das Zwölftafelrecht zwei Arten der c. d. zu unterscheiden, indem es dem mancipium schlechtweg, dem Sklaven den filius familias in mancipio gegenüberstellt. Bei dieser Zweiteilung ist es aber vorerst geblieben.

Auch die volle Rechtsfähigkeit garantiert jedoch ihrem Träger noch nicht ihre unbeschränkte Nutzung. Das Rechtsleben der damaligen Zeit spielt sich im vollen Lichte der Öffentlichkeit, unter Wahrung bestimmter, durch die Teilnahme gewisser Faktoren des Gemeinwesens bedingter Formen ab. Diese unerläßliche Teilnahme kann verweigert werden, wenn der Handelnde das Vertrauen, die Wertschätzung der Gemeindegenossen eingebüßt hat, wenn seine bürgerliche Ehre (existimatio) angezweifelt ist. Der Begriff der Bescholtenheit (ignominia, infamia) und seine Rechtsfolgen waren niemals gesetzlich festgelegt. Die römische Rechtsordnung kannte stets nur einzelne Bescholtenheitsgründe, die je nach der Obrigkeit, die sie fixiert hatte, verschiedene Rechtskreise umfaßten. Das älteste Beispiel ist wohl der improbus intestabilisque der Zwölftafeln, der es war, weil er sein Zeugnis über ein Geschäft, dem er als Zeuge zugezogen war, verweigert hatte. Er war unfähig, Zeuge zu sein und Zeugen anzurufen und dadurch von allen Geschäften ausgeschlossen, die Zeugen erforderten. Bescholten machte ferner die nota censoria, die Rüge des Zensors, auf Grund des vielleicht von jeher mit dem Zensus verknüpften und durch keinerlei Schranken eingeengten Rechtes, den einzelnen Bürger über seinen Lebenswandel (mores) zu befragen, deren Wirkung sich auf die einzelne Schätzungsperiode beschränkte und die unmittelbare Wirkung nur auf Stimmrecht und Wehrpflicht übte. Infamia schuf endlich der (Ermessens-) Ausspruch des Konsuls als Wahlleiter oder Gerichtsherr, der den Betroffenen wahlunfähig oder prozeßunfähig machte. Wer und warum jemand infam wurde, das bestimmten Anschauung und Gewohnheit. Die Infamie traf ganze Berufe und einzelne Handlungen. Insofern die auf einen bestimmten Rechtskreis beschränkte infamia auch in anderen Hinsichten berücksichtigt wurde, wo auf ungeschmälerte Ehrenhaftigkeit besonderes Gewicht gelegt wurde, wie bei Zeugnisfähigkeit, Vormundschaft u. a. m., sprach man auch von einer infamia (turpitudo) facti.

Rechtsfähigkeit ist der Ausfluß qualifizierter Persönlichkeit. Nur der Bürger und nicht einmal jeder Bürger, sondern nur der Hausvorstand, das Haupt eines wirtschaftlichen und gesellschaftlichen Verbandes als solches genießt sie. Das Gemeinwesen dieser Zeit ist nicht eine Verbindung einzelner Individuen, sondern eine Gemeinschaft kleinerer Verbände. Mag auch dem römischen Rechte, soweit es sich zurückverfolgen läßt, das Familieneigentum fremd sein, mag auch das Familienhaupt des römischen Rechtes nicht bloß Verwalter der Gemeinschaft, sondern Alleinherr der lebenden und leblosen Familie sein, zweifellos ist das nicht der ursprüngliche Zustand, sondern bereits ein höheres Entwicklungsstadium. Darauf ist noch zurückzukommen. Jedenfalls trägt aber noch die Rechtsstellung des römischen pater familias Spuren der alten Verbandspersönlichkeit an sich, die als Rechtssubjekt gewiß älter ist als die Einzelperson, so wie das Gesamteigentum an Grund und Boden offenbar älter ist als das Individualeigentum, und die als Vorläuferin der „juristischen Person" in dieser Zeit auch in anderen Formen auftritt.

Die juristische Person in Gestalt der Korporation, Anstalt oder Stiftung als ein von dem Einzelindividuum verschiedenes, selbständiges Rechtssubjekt ist ein Kunstgebilde, der naiven Auffassung der alten Zeit fremd. Auch in Rom ist die juristische Person vermutlich erst aus dem genossenschaftlichen Gedanken herausgewachsen. Die Vorstellung, daß, was der Gesamtheit gehöre, nicht ihren einzelnen Mitgliedern gehöre, setzt eine naiver Auffassung unmögliche Abstraktionsfähigkeit voraus. Sie kann sich nur auf dem Umweg über den genossenschaftlichen Gedanken entwickeln. Die Gemeinde, die gens, Zünfte und Vereine, Kultverbände und Berufsgenossenschaften (collegia, sodalitates) sind dagegen Verbände, die schon in dieser Zeit eine mehr oder weniger bedeutsame Rolle spielen. Aber sie sind nur scheinbar Träger von Vermögensrechten, während andere Rechte, Personen- und Familienrechte, für die juristische Person überhaupt nicht in Betracht kommen. Sie sind daher nicht Rechtssubjekte. Das Gemeindeland, das Gemeindevermögen, ist nicht Eigentum, nicht Vermögen der Gemeinde. Die res publicae sind nicht Privateigentum der römischen Gemeinde, des römischen Volkes. Sie sind im Gegenteil dem Privateigentum, dem Privatverkehr entzogen. Sie sind res extra commercium, res nullius, darum im Gegensatze zum germanischen Recht auch nicht gemeinsames Eigentum der Genossen, womit bereits eine fortgeschrittenere Entwicklung, der Übergang zur Persönlichkeit der Gemeinde angebahnt zu sein scheint. Manche Erscheinungen, namentlich der noch in der Kaiserzeit erhaltene ager compascuus, das Weideland, das den Anrainern als Realgenossenschaft zugewiesen ist, vielleicht auch die späteren Popularinterdikte zum Schutze der res publicae, deuten dagegen noch auf genossenschaftliche Verhältnisse als Ausgangspunkt dieser Entwicklung hin, die nur zweifellos frühzeitig, mutmaßlich infolge des baldigen Überganges zur städtischen Siedelung abstarben. Doch erscheint die Gemeinde, der Staat noch immer nicht als Privatrechtssubjekt. Die Rechtsgeschäfte, die die Gemeinde — die römische oder eine andere nach Maßgabe ihrer Souveränität — durch ihre Magistrate schließt, unterstehen nicht dem Privatrecht, bilden nicht den Gegenstand von Privatprozessen. Dasselbe gilt für die res sacrae, für die den Göttern geweihten Sachen. Auch sie sind extra commercium. Auch sie stehen nicht im Privateigentum einer juristischen Person, des Gottes oder eines Tempels, bilden nur den Gegenstand von Verwaltungsmaßregeln.

Die Zunft und der Verein waren dagegen genossenschaftlich organisiert. Die Vereinsbildung war frei. Das folgt nicht so sehr aus einem oft dafür berufenen Zwölftafelsatz, der nur die Berechtigung zur Errichtung von Statuten für bereits bestehende Kollegien anerkennt. Es ergibt sich vielmehr mit großer Wahrscheinlichkeit aus der an sich naheliegenden Auffassung, daß wenigstens die Berufsgenossenschaften ohne staatliche Mitwirkung durch das Bestreben der Assoziation zusammengeführt wurden. Aber es gab kein Vereinsvermögen, sondern nur ein Gesamteigentum der Genossen (arca communis), das wohl nur als unteilbar galt, solange die Gemeinschaft bestand, dagegen bei ihrer Auflösung unter die Genossen aufgeteilt wurde. Dem Verein als solchem fehlte auch die Prozeßfähigkeit, die Möglichkeit, selbständige Vermögensrechte geltend zu machen. Denn nach dem Grundsatze, daß niemand für einen anderen vor Gericht auftreten (lege agere) dürfe, konnte der Vereinsvorstand keine legis actio für den Verein vollziehen. Gemeinsamer Erwerb wurde durch einen servus communis vermittelt.

Rechtsfähigkeit ist nur die Fähigkeit, Subjekt von Rechten sein. Ihr muß sich, soll sie praktisch bedeutsam werden, die Möglichkeit zugesellen, von dieser Fähigkeit Gebrauch zu machen, die Handlungs- (Geschäfts-) Fähigkeit, die Fähigkeit, in rechtlich erheblicher Weise zu handeln, einen rechtlich wirksamen Willen zu äußern. Diese Möglichkeit fehlt auch dem homo sui iuris, wenn er noch nicht das gehörige Alter erreicht hat, wenn er weiblichen Geschlechtes, wenn er für geisteskrank oder als Verschwender erklärt ist.

Das nötige Alter fehlt vor allem dem infans, dem, der noch nicht sprechen kann, womit zweifellos ursprünglich eine fließende Grenze, erst später, vielleicht gar erst seit Justinian, die feste Grenze von sieben Jahren gemeint war, und dem infantiae proximus, der freilich später dem impubes gleichgestellt war. Das nötige Alter fehlt auch noch dem impubes, dem Unmündigen, dem physiologisch Unreifen, wofür anfänglich ebenfalls die Prüfung im einzelnen Fall, erst in der Kaiserzeit die feste Grenze von zwölf Jahren für Mädchen, von vierzehn Jahren für Knaben sich durchsetzte. Nur ist die Unfähigkeit des impubes beschränkt auf Veräußerung und

Verpflichtung. Er ist bereits fähig zu erwerben und für unerlaubte Handlungen verantwortlich, soweit schon Erfolg und Verursachung, nicht erst Zurechnung und Verschulden verantwortlich machen.

Dem impubes gleichgehalten ist die Frau mit Ausnahme der vestalischen Jungfrau, angeblich propter infirmitatem sexus, propter animi levitatem, in Wahrheit wohl in der Absicht, das Vermögen der Familie zu erhalten. Darum schwindet diese Unfähigkeit mit der Zeit in demselben Maß, in dem der Agnatenverband an Festigkeit verliert, in dem die Vormundschaft sich aus einer potestas in ein munus wandelt.

Nur in der Verfügungsgewalt beschränkt ist endlich auch der Verschwender, der, dem wohl von jeher moribus, seit den Zwölftafeln lege wegen Vergeudung des kraft Gesetzes — nicht auch kraft Testamentes — ererbten Familiengutes (bona paterna avitaque), also auch nicht so sehr wegen seiner Verschwendungssucht überhaupt als vielmehr zur Erhaltung des Erbgutes für die Familie, die Obrigkeit die Verfügung über dieses Vermögen, nicht über sein ganzes Vermögen, demnach damals noch nicht das commercium überhaupt, entzogen hat (paternis bonis interdixit), weshalb einem libertus mangels solches Vermögens nach dem Gesetze nicht interdiziert werden konnte.

Der Wahnsinnige, der furiosus (im Gegensatze zum demens, amens, mente captus, Blödsinnigen?, der nicht in dieser Weise beschränkt ist) steht dagegen jedenfalls seit den Zwölftafeln, vermutlich aber schon vorher, dem infans gleich.

Die Handlungsunfähigkeit des homo alieni iuris ist, da er damals als Gewaltunterworfener ohnedies weder Rechte noch Pflichten für sich begründen konnte, von geringem Interesse. Sie bedeutet nur die Unfähigkeit, für den Gewalthaber in dem Umfange Rechte und Pflichten zu begründen, in dem das sonst möglich ist. Selbständige rechtliche Bedeutung kommt nur der Handlungsunfähigkeit des homo sui iuris zu. Sie regt zunächst die Frage an, ob und inwieweit andere mit Rechtswirkung für ihn handeln können. Man denkt zunächst an Stellvertretung.

Stellvertretung ist Handeln für einen anderen. Eigentliche, direkte Stellvertretung ist Handeln für einen anderen mit der Wirkung, daß die Handlung unmittelbar als solche des anderen, des Vertretenen gilt, daß der Rechtserfolg unmittelbar in der Person des anderen, des Vertretenen eintritt, daß beispielsweise der Eigentumserwerb des Vertreters unmittelbar den Vertretenen zum Eigentümer macht. Dieser Art der Stellvertretung steht das römische Recht dieser Zeit, das Volksrecht, grundsätzlich ablehnend gegenüber. Es kennt nur die Möglichkeit der Interessenvertretung, der sogenannten indirekten Stellvertretung, die nach außen den Vertreter selbst als Partei erscheinen läßt, ihn nur nach innen, dem Vertretenen gegenüber nach Maßgabe des zwischen ihnen bestehenden Rechtsverhältnisses verantwortlich macht. Nur eine scheinbare Ausnahme bildet der dem Formalgeschäfte des ius civile übrigens gleichfalls fremde Bote, der nuntius. Wenn seine Erklärung unmittelbar den Vertretenen, den dominus negotii berechtigt und verpflichtet, so ist der Grund nicht der, daß der nuntius als direkter Stellvertreter gilt, sondern der, daß er überhaupt keine Erklärung abgibt, vielmehr bloß die des Vertretenen vermittelt, nur als dessen Sprachrohr fungiert.

Auch der procurator, der Haus- oder Vermögensverwalter, meist ein gewesener Sklave, ein Freigelassener seines Machtgebers, spielt nur die Rolle eines indirekten Stellvertreters. Zivile Rechtsgeschäfte wie mancipatio, in iure cessio, sponsio in allen Verwendungsarten, also auch coemptio, emancipatio, manumissio vindicta usw., können auf der Erwerber- und Veräußerer-, auf der Gläubiger- und Schuldnerseite nur von dem selbst wirksam geschlossen werden, dem Rechte oder Verbindlichkeiten daraus erwachsen sollen. Nur Besitzerwerb und darum auch der durch bloßen Besitzerwerb vermittelte Rechtserwerb (Tradition) scheinen von jeher zwar nicht uneingeschränkt per liberam personam — das ist wohl erst Justinianisches Recht —, aber doch per procuratorem für einen anderen möglich gewesen zu sein. Der Grund mag der gewesen sein, daß der procurator als Freigelassener dem häuslichen Machtkreise seines Patrons angehört und daß er überdies beim Besitzerwerb als einem rein tatsächlichen Vorgang kaum eine andere Rolle spielt als der nuntius im Rechtsgeschäfte.

So fremdartig die Unzulässigkeit der Stellvertretung dem modernen Denken ist, so selbstverständlich ist sie für den antiken Formalismus. Auch macht sich ihr Mangel wirtschaftlich kaum nachteilig bemerkbar. Die Möglichkeit des Erwerbes durch Hauskinder und Sklaven bot in diesen einfachen Verhältnissen genügenden Ersatz. Später wußte der Prätor umfassende Abhilfe zu schaffen.

War aber die Stellvertretung als solche mit dem damaligen Rechtsformalismus unverträglich, so konnte auch die fehlende Handlungsfähigkeit nicht durch Stellvertretung ersetzt werden. Dem Handlungsunfähigen steht ein tutor oder curator zur Seite. Aber auch er kann nicht als Stellvertreter auftreten, Rechtshandlungen mit unmittelbarer Wirkung für den Pflegebefohlenen vornehmen. Er kann nur die beschränkte Handlungsfähigkeit ergänzen (auctoritatem interponere), bei fehlender Handlungsfähigkeit statt des Handlungsunfähigen als „indirekter" Stellvertreter handeln (gerere). Die auctoritas tutoris ist gleich der auctoritas patrum gegenüber dem Volksbeschluß, von der sie sich nur dadurch unterscheidet, daß sie gleich beim Abschlusse des Rechtsgeschäftes vom Vormunde persönlich interponiert werden muß, Erteilung des Vollwortes zu dem vom Mündel (pupillus) selbst erklärten Geschäftswillen. Partei ist der Pupill. Der Tutor tritt nur genehmigend hinzu. Gestio ist Geschäftsabschluß durch den gesetzlichen Vertreter selbst wie durch einen Prokurator, so daß zunächst der Vertreter selbst Eigentümer, Gläubiger oder Schuldner wird, also jedenfalls ein Notbehelf und zweifellos erst jüngeren Datums, zumindest anfänglich nur in einzelnen Fällen gestattet. Das regelmäßige Auskunftsmittel war vielmehr, daß ein Sklave des Handlungsunfähigen den ihm selbst unmöglichen Akt vornahm. Auch dieser Ausweg war jedoch dort verschlossen, wo, wie beim Erbschaftserwerb, höchstpersönliches Handeln geboten war. Solche Akte waren eben damals dem Handlungsunfähigen überhaupt versagt. Es erübrigte nichts als den Wegfall der Handlungsunfähigkeit abzuwarten.

Wenn trotzdem die Unvollkommenheit der Rechtshilfe, die der tutor oder curator seinem Pflegling gewährte, nicht störend empfunden wurde, so war der Grund der, daß Tutel und Kuratel ihrer ursprünglichen Zweckbestimmung nach nicht so sehr im Interesse des Pflegebefohlenen, als Pflicht, sondern vielmehr im Interesse der Familie, als Recht gedacht waren. Der Tutor oder Kurator sollte vor allem die Erhaltung des Vermögens für die Familie sichern. Das kommt schon in der Person des Tutors oder Kurators zum Ausdrucke.

Tutor, gesetzlicher Vertreter des Unmündigen (impuberis) oder der Frau sui iuris (mulieris), oder curator (prodigi, furiosi) ist kraft Gesetzes der nächste gesetzliche Erbe, der proximus agnatus, also in der Regel der Vatersbruder oder der älteste Bruder für die Kinder und Geschwister, der Sohn für die Mutter, ursprünglich anscheinend selbst dann, wenn er wegen Wahnsinnes oder Unmündigkeit außerstande war, das Amt selbst zu verwalten — tutela legitima, kraft Zwölftafelinterpretation der Patron und dessen Nachkommen für den Freigelassenen. Die Testierfreiheit gab dann dem pater familias die Möglichkeit, der Frau und dem Unmündigen, die durch seinen Tod gewaltfrei werden, einen Vormund zu bestellen — tutela testamentaria. Die Bestellung eines Vormundes durch die Obrigkeit — tutela dativa — ist dieser Zeit noch fremd.

Tutel und Kuratel unterscheiden sich lediglich in der Art der Vertretung. Der tutor kann auch auctoritatem interponere, der Kurator nur gerere. Sie kommen dagegen in dieser Zeit beide darin überein, daß sie ein Gewaltverhältnis — ius ac potestas in capite libero — begründen, dem vielleicht gleich der vindicatio des Vaters eine vindicatio tutelae zur Seite stand, die eine Verfolgung des Tutelrechtes gegenüber Dritten gestattete. Wenigstens ist die streitlose in iure cessio der Agnatentutel bezeugt. Doch schlummert in dieser potestas von jeher der Gedanke, daß sie zugleich dem Interesse des Mündels dienen soll. Sie entbehrt der Unbeschränktheit und Unverantwortlichkeit der hausherrlichen Gewalt. Schon — vielleicht erst? — die Zwölftafeln kennen die accusatio suspecti tutoris, das crimen suspecti und die actio rationibus distrahendis. Jenes crimen begeht der treulose Vormund, der seine Geschäfte dolos, mala fide, führt. Es macht ihn dem Mündel deliktisch haftbar und berechtigt die Obrigkeit, ihn von Amts wegen seiner potestas für verlustig zu erklären oder wenigstens zur Amtsentsagung zu veranlassen. Die actio rationibus distrahendis ist in dieser Zeit gleichfalls Deliktsklage, Klage gegen den ungetreuen Vormund wegen Unterschlagung auf Ersatz des doppelten Sachwertes. Weitergehender Schutz fehlt noch. Doch stand dieser Schutz, wenigstens wegen crimen suspecti, jedem Pflegebefohlenen, auch gegenüber dem curator zu.

Zweites Kapitel: Das Eigentum.

Nicht der einzelne als solcher, nur der römische Hausvater ist vollberechtigtes Rechtssubjekt Seine Herrschaft aber ergreift alles, Lebendes und Lebloses, was sich im Hause befindet. Dem entspricht die Vorstellung der Rechtssphäre als eines Ganzen, „von dem die einzelnen subjektiven Rechte nur Funktionen sind".

Nicht die Familie, sondern der Hausvater allein ist Herr des Vermögens. Wohl mag auch diese römische Ausgestaltung des hausherrlichen Alleineigentums aus einem älteren, vielleicht vorrömischen Zustand des Familieneigentums erwachsen sein. Die noch in die geschichtliche Zeit hineinragende und von den Römern selbst in diesem Sinn ausgedeutete Eigentümlichkeit des Erbrechtes, daß es die freien Hausgenossen (sui) mit dem Tode des Gewalthabers ipso iure zu Herren des Vermögens macht, die Beschränkung der Kuratel des Verschwenders auf das väterliche Erbgut und der Übergang der Tutel und Kuratel auf die erbberechtigten Familiengenossen sprechen jedenfalls dafür. Ebenso sicher ist aber, daß das historische Recht den Hausherren als Alleinherren des Vermögens ansieht. Nur ist sein Eigentum gewissermaßen „fiduziarisches Eigentum", Verwaltung des Vermögens für die Familie; zwar nicht im Sinne einer Rechtspflicht, die etwa durch Zwangsbefugnisse der Familie gegen den Hausherren geschützt wäre, aber doch wenigstens im Sinn einer moralischen Verpflichtung, die in Alimentations- und Dotationspflicht, sowie im Noterbrecht teilweise rechtlichen Ausdruck findet.

Dieses Vermögen, dieses einheitliche Herrschaftsgebiet des pater familias ist es, das als familia oder als familia pecuniaque bezeichnet wird. Die Doppelbezeichnung hat zu mancherlei Vermutungen Anlaß gegeben. Sicher scheint nur, daß die freien Mitglieder des Hauswesens, Frau, Kinder und Enkel, in der familia ursprünglich nicht inbegriffen sind, daß familia ursprünglich bloß das „sächliche Hauswesen" umfaßt, dagegen wo familia allein zur Bezeichnung des Vermögens dient, auch die pecunia. Andererseits muß die pecunia, wo sie der familia an die Seite gestellt ist oder allein auftritt, einen Gegensatz darstellen. Naheliegend ist es aus bestechenden Gründen, diesen Gegensatz mit dem von res mancipi (familia) und nec mancipi (pecunia) zu identifizieren und demnach unter familia die Vermögensstücke zu verstehen, die anfänglich allein des römischen Eigentumes und der vindicatio fähig waren, unter pecunia jene, bei denen das nicht der Fall ist. Gegen diese scharfe Unterscheidung spricht jedoch zweierlei. Unverträglich damit ist die bereits erwähnte Erscheinung, daß anscheinend von jeher auch familia allein gebraucht wird, um das ganze Vermögen, familia pecuniaque zu bezeichnen. Diese Auffassung nötigt ferner zu der Annahme, daß gerade das Vieh, auch das Großvieh, der wichtigste Besitz des Römers in der Zeit, da es noch keinen Grundbesitz gab, ursprünglich nicht zu den res mancipi gehört habe, so daß damals eigentlich nur die Sklaven res mancipi gewesen wären. Es wird daher kaum möglich sein, hinter der Bezeichnung des Vermögens als familia pecuniaque mehr zu suchen, als die Worte selbst sagen, Sklaven- und Viehstand, zumal wenn der Gegensatz zwischen res mancipi und nec mancipi nicht so alt sein sollte, wie man meist annimmt.

Vergeblich ist auch der Versuch, dem durch gesetzliche Erbfolge erworbenen Vermögen, den bona paterna avitaque, die nur in der Verschwendungskuratel ausgezeichnet sind, eine grundsätzliche Sonderstellung zuzuweisen. Weder der Gegensatz von familia und pecunia läßt sich dafür verwerten, noch der Begriff der bona. In einer späteren Zeit bezeichnen zwar die bona den „Inbegriff des vom Prätor anerkannten gegenüber dem altzivilen dominium ex iure Quiritium". In dieser Zeit genießen sie jedoch noch keinerlei technische Bedeutung. Auch die bona bezeichnen nicht etwa die res nec mancipi im Gegensatze zu den res mancipi. Beweis dafür ist eben die Interdiktionsformel gegen den Verschwender, die auch die res mancipi ergreift. Bona sind einfach die Güter. Dagegen decken weder die bona noch familia pecuniaque auch „unkörperliche" Sachen, d. h. vor allem die Forderungsrechte. Das ist durchaus verständlich für eine Zeit bäuerlicher oder kleinbürgerlicher Haus- und Familienwirtschaft, in der die Forderungsrechte gegen dritte, außerhalb des Familienkreises stehende Personen keine oder wenigstens keine nennenswerte Rolle spielen. Das will und soll jedoch nicht sagen, daß die Forderungen, seit es solche gab, ursprünglich auch sachlich nicht zum Vermögen gehörten. Die Unvollkommenheit ist nur terminologischer Natur.

Bringt nun zwar wahrscheinlich der römische Vermögensbegriff weder als bona noch als familia pecuniaque eine besondere rechtliche Qualifikation zum Ausdrucke, so umfaßt er doch Objekte verschiedener rechtlicher Qualität. Jedenfalls nur res in commercio, Sachen, die im Verkehre stehen können, nicht auch res extra commercium, die nicht im Verkehre stehen können, wie die res nullius humani iuris, die sich jeder privaten Aneignung entziehen: aer, aqua profluens, mare, litora maris (res communes) und das öffentliche, Staats- und Gemeindegut (res publicae), sowie die res nullius divini iuris, das Göttergut, res sacrae, die den oberirdischen, res religiosae, die den unterirdischen Göttern geweihten Sachen, und die res sanctae, Tore und Mauern der Stadt und Grenzsteine. Aber auch die res in commercio weisen mancherlei rechtlich bedeutsame Verschiedenheit auf. Von jeher bestand der Unterschied zwischen beweglichen und unbeweglichen Sachen sowie zwischen species und genus. Rechtsgeschichtliches Interesse haben vor allem die Unterscheidung zwischen res corporales und incorporales sowie die zwischen res mancipi und nec mancipi.

Die Unterscheidung zwischen körperlichen und unkörperlichen Sachen, nicht so sehr eine der Sachen — denn die res incorporales sind überhaupt keine Sachen im Rechtssinn — als vielmehr eine solche des Vermögens, bringt im klassischen römischen Rechte — jedenfalls nicht vor Cicero — den Gegensatz von Eigentum, Eigentumsobjekten auf der einen Seite, von allen übrigen Rechten auf der anderen Seite zum Ausdruck. Dem älteren Recht ist sie noch fremd. Dieses kennt unkörperliche Sachen noch nicht. Nicht als ob die den res incorporales entsprechenden Rechte damals noch alle unbekannt gewesen wären. Denn wenn sie auch erst allmählich zur Entwicklung gelangten, sind doch zweifellos schon in dieser Zeit iura in re aliena und Forderungsrechte in Geltung. Aber die grundsätzliche Scheidung, die Sonderstellung des Eigentums gegenüber den anderen Vermögensrechten, ist in dieser Zeit noch nicht vollzogen. Namentlich die iura in re aliena sind von der res selbst nicht scharf geschieden. Die Dienstbarkeit an einem Weg, an einer Quelle wird in derselben Weise (mancipatio, usucapio) erworben wie die Sache selbst. Die Gewalt über Weib und Kind, über Knecht und Magd ist durch dasselbe Rechtsmittel (vindicatio) geschützt wie das Eigentum an einer Sache. Selbst das Forderungsrecht gibt dem Gläubiger zunächst eine gewissermaßen sachliche Herrschaft über die Person des Schuldners.

Uralt soll dagegen der Gegensatz von res mancipi(i) und nec mancipi(i) sein, der Gegensatz der Sachen, die durch Manzipation erworben werden können (und müssen?), und derer, bei denen das nicht der Fall ist. Nun war aber die Manzipation — das Nähere später — sicherlich lange Zeit das einzige Formalgeschäft, das in rechtlich wirksamer Weise den Erwerb und die Übertragung von Sachen gestattete. Res nec mancipi hätten daher damals formlos übertragen werden müssen. Es ist jedoch nicht nur mehr als unwahrscheinlich, daß das alte Recht formlose Rechtsgeschäfte gekannt haben sollte. Unannehmbar wäre namentlich auch die Folge davon, daß der Erwerber in solchen Fällen schutzlos gewesen wäre, keinen Entwährungsanspruch gehabt hätte, wenn ihm die Sache abgestritten worden wäre. Die Unterscheidung ist mit anderen Worten erst denkbar, seitdem es auch andere rechtlich wirksame Erwerbsarten gab. Nur ein anderer Ausdruck desselben Gedankens ist ja die längst ausgesprochene, durchaus zutreffende Vermutung, daß es eine Zeit gab, da nur res mancipi des quiritischen Eigentums fähig, nur sie durch Vindikation geschützt waren. Es gab eben vermutlich eine Zeit, da nur durch Manzipation quiritisches, rechtlich geschütztes Eigentum erworben werden konnte. Nur war nicht die Erwerbsart auf bestimmte Objekte, sondern jedes Objekt auf die bestimmte Erwerbsart beschränkt.

Auf diese Zeit weist vermutlich auch die verschiedene Stellung hin, die später die Frau unter Agnatentutel gegenüber ihren res mancipi und nec mancipi einnimmt. Noch die Zwölftafeln schlossen die Ersitzung ihrer res mancipi aus, die nicht tutore auctore in andere Hände gekommen waren. Auch war der Frau die Veräußerung ihrer res mancipi ohne auctoritas tutoris verboten. Die Beschränkung auf res mancipi, die allerdings nur für den zweiten Fall unzweifelhaft ist, hatte wenig Sinn in einer Zeit, in der sich das Verhältnis zwischen den beiden Sacharten gänzlich verschoben hatte, die res nec mancipi vielfach den wertvolleren oder wenigstens keinen geringwertigen Teil des Vermögens repräsentierten. Die Regel galt eben ursprünglich für das Frauenvermögen überhaupt und dient bloß später Bestrebungen, die auf eine Abschwächung der Geschlechtsvormundschaft abzielten und ihr darum durch einschränkende Auslegung entzogen, was aus dem alten Begriff der res mancipi ausgeschieden war.

Diese Einengung des Kreises der res mancipi hing vermutlich mit der Servianischen Verfassung zusammen. Res mancipi sind seitdem „die römische Bauernhufe mit Inventar", italische Grundstücke (fundus Italicus), Grundgerechtigkeiten (Rustikalservituten), Sklaven sowie vierfüßige Zug- und Lasttiere. Nicht auch Weib und Kinder, die zwar auch durch Manzipation erworben und veräußert werden können, aber doch nicht bloß Sachen im Rechtssinne sind. Die Vorstellung eines wirklichen Eigentums an den hausuntertänigen Bürgern war den Römern fremd. Das Eigentum war nur eine, nicht die Erscheinung des Herrschaftsrechtes schlechtweg. Die praktische Bedeutung dieses Unterschiedes besteht in dieser Zeit zwar bloß darin, daß der Gewalthaber über Frau und Kinder als unverantwortlicher Richter, über Sklaven nach Willkür schaltet. Aber diese, wenn auch juristisch vielleicht wenig scharfe Formulierung begründet in der Tat doch eine große Verschiedenheit.

Der Grundbesitz samt Zubehör im Gegensatze zur gemeinen Fahrhabe, das Vermögen, neben dem die anderen Sachen verschwindende Bedeutung besitzen, das daher der Schatzung, dem census zugrunde gelegt wurde, die res censui censendo, die für die Einreihung des Besitzers in die eine oder andere Heeresklasse maßgebend waren, bildeten vermutlich seitdem zugleich die res mancipi. Doch sind anscheinend schon seit der Scheidung, jedenfalls noch in der Legisaktionenzeit, auch die res nec mancipi des quiritischen Eigentums, der vindicatio fähig.

Das Herrschaftsverhältnis, in dem der pater familias zu seinem lebenden und leblosen Hauswesen steht, wird als meum esse ex iure Quiritium bezeichnet. Das ist nicht bloßer Besitz. Der Besitz, die tatsächliche Herrschaft als solche genießt in dieser Zeit noch keinen privatrechtlichen Schutz. Der Besitzschutz ist anscheinend erst dem Prätor zu danken. Der Besitzerwerb und er allein vermittelt zwar den Eigentumserwerb:

dominium rerum ex naturali possessione coepisse. Aber nicht der Besitz, nur der Gebrauch, die Ersitzung, nicht die possessio, nur der usus hat selbständige privatrechtliche Bedeutung. Darum teilt auch der Gerichtsherr im Prozeß den Besitz bis zur Entscheidung der Rechtsfrage nach Willkür der einen oder anderen Partei zu. Die possessio besteht in dieser Zeit als rechtliches Verhältnis nur am Gemeindeland (ager publicus), nicht als privatrechtliches, der ordentlichen Gerichtsbarkeit unterstelltes Verhältnis, sondern als öffentlichrechtliches, den Verwaltungsbehörden, erst den Konsuln, später den Zensoren untergeordnetes Nutzungsverhältnis. Auf dem Gebiete des Privatrechtes fallen Recht und Besitz noch zusammen, bezeichnet possessio das im Eigentum stehende Grundstück selbst. Die Nachwirkung dieser mangelnden Abstraktion zeigt sich noch später, nachdem die Trennung von Besitz und Eigentum längst vollzogen war, darin, daß der Schaden wegen Besitzentziehung mit dem Sachwert identifiziert, daß zwischen Besitz- und Eigentumsdiebstahl, zwischen furtum usus und rei ipsius nicht unterschieden wird.

Noch fehlt aber auch das Wort für Eigentum. Dominium und proprietas begegnen erst gegen Ende der republikanischen Zeit. Mancipium ist nicht das Eigentum, sondern dessen Erwerb oder Objekt. Noch fehlt auch der Begriff. Nicht das Haben an sich, das abstrakte und unsichtbare Recht ist in dieser Zeit das Entscheidende, sondern die äußere Beziehung der Sache zur Person.

Recht ist anfänglich Macht. Der Mächtigere, der Stärkere hat recht. Darum wird das Recht ursprünglich nur mit der tatsächlichen Gewalt erworben und vielleicht auch stets mit ihr verloren. Darum ist der ursprüngliche, der eigenmächtige, der originäre Rechtserwerb, das originäre Eigentum gewiß älter als der abgeleitete, der derivative Rechtserwerb, das derivative Eigentum. Darum der etymologisch wenig glaubhafte Versuch, praedium und praes mit praeda, der Beute zusammenzustellen. Darum auch möglich, daß mancipium, die älteste Bezeichnung der ältesten Erwerbsart, die wohl trotz mancher Anfechtung aus manu (nicht manum) und capiom entstanden zu denken ist, noch auf die ursprüngliche Aneignung durch eigenmächtigen, einseitigen Handgriff zurückweist.

Soweit jedoch unsere Kenntnis der Manzipation auch nur vermutungsweise zurückreicht, ist sie zweiseitiges Rechtsgeschäft. Bloß die erst wirkliche, dann scheinbare Zuwägung des Preises, das agere per aes et libram, wird man, wenn in Rom selbst noch eine Zeitlang wirkliches Viehgeld im Schwange gewesen sein sollte, als einen späteren Zusatz ansprechen dürfen. Bis dahin mußte sich das Geschäft auf den Handgriff unter feierlichen Worten in Gegenwart von Zeugen beschränken. Der Handgriff und demnach auch die ihn begleitenden Worte (hanc ego rem ex iure Quiritium meam esse aio) müssen damals überdies von beiden Parteien ausgegangen sein, da die Hingabe des einen doch wohl nur gegen eine Gegengabe des anderen Teiles erfolgte, da mit anderen Worten, solange es kein Geld gab, die Manzipation Tausch gewesen sein muß. Nur wenn man sich den Tausch, der auch in Rom wie überall dem Kaufe vorangegangen sein muß, durch solche „Doppelmanzipation" gedeckt denkt, ist es verständlich, daß der Tausch als obligatorischer Vertrag erst relativ spät und nur beschränkt, als Innominatrealkontrakt zur Anerkennung gelangte. Andererseits darf man sich freilich nicht verhehlen, daß Spuren des Naturaltausches in der römischen Geschichte tatsächlich nicht mehr zu entdecken sind, daß es sich bloß um den Versuch handeln kann, die Ausbildung des römischen Verkehres in den allgemeinen Entwicklungsgang des menschlichen Verkehres einzuordnen.

Uralt ist wohl die Mitwirkung der Zeugen. Die Fünfzahl allerdings scheint von jeher nur eine Minimalgrenze, keine feste Ziffer bezeichnet zu haben. Verkehrt ist es deshalb jedenfalls, sie mit den fünf Klassen der Servianischen Verfassung in Zusammenhang zu bringen, zumal nicht die Klassen, sondern die Zenturien hätten vertreten sein müssen, wenn solche Repräsentation des Volkes der Zweck der Zeugen gewesen wäre. Die Manzipation ist aber vermutlich überhaupt älter als diese Einteilung des Volkes, aus dem gemeinlatinischen Recht übernommen. Die Zahl der Zeugen war vielleicht anfänglich überhaupt nicht bestimmt, die Fixierung der Zahl erst ein späteres, durch Gesetz oder zensorische Praxis geschaffenes Entwicklungsstadium, seitdem der Besitz an res mancipi für den Zensus entscheidend war. Die Zeugen sollten das Rechtsgeschäft für den Streitfall sicherstellen, vor allem aber durch ihre Mitwirkung Garantie leisten für das Verfügungsrecht des Übertragenden. Darum waren es wohl meist die Nachbarn, die die nötige Sachkenntnis besaßen, jedenfalls testes rogati, die die Aufgabe der Zeugen versahen. Wie nach griechischer Gewohnheit wurde ferner vielleicht auch in Rom der Vormann des Veräußerers, des Manzipanten, als Kaufbürge beigezogen, weil er dem Erwerber für die Zulässigkeit des Erwerbes, für die allenfalls notwendig werdende Gewährschaft besondere Sicherheit bot. Ihn hat man vielleicht in dem mehrfach erwähnten antestatus zu erblicken, der anscheinend den ersten der fünf Manzipationszeugen bezeichnete und dann mit dieser Eigenschaft die des Kaufbürgen verbunden hätte.

Aes, libra und libripens, Erz, Wage und Wagmeister, worunter keineswegs ein staatliches Organ zu verstehen ist, sind offenbar erst mit dem Metallgeld aufgekommen. Erst war es Rohmetall (aes rude), später nahm es die Gestalt gestempelter Barren (aes signatum) an, womit nur die Eigenschaft des Metalles als Zahlungsmittel, nicht sein Wert festgestellt war. Das gemünzte Geld gehört erst der Zeit der

Zwölftafeln an. Nunmehr wog der Erwerber dem Veräußerer den Preis zu, nachdem er mit dem Metall (zum Beweise seiner Echtheit?) an die Wage geschlagen, indem er der bisher üblichen Formel die Worte beifügte: eaque mihi empta esto hoc aere aeneaque libra, und entweder die Worte hoc aere, die dann bloß als Blankettworte zu gelten hätten, im einzelnen Falle durch Angabe des wirklichen Preises ersetzte oder wahrscheinlicher der festen Formel den wirklichen Preis zufügte. Die oft bemerkte Verschiedenheit in der Fassung beider Formelteile — erst meum esse aio, dann empta esto — verliert alles Auffallende, wenn man erwägt, daß die Formel auf den Zeitpunkt der Geschäftsvollendung eingestellt ist. Eine Unwahrheit enthält sie daher nicht schon von Haus aus, sondern erst, seitdem die Zuwägung durch Einführung des gemünzten Geldes leere Form geworden, die Zahlung nicht mehr notwendig mit der Manzipation verbunden ist. Das Manzipationsformular, die nuncupatio, war übrigens nicht unveränderlich. Es gestattete Einschaltungen über Preis und Gegenstand (z. B. deducto usufructu, u. a. m.), doch wohl nicht beliebiger Art und in unbeschränktem Maße, sondern nur, soweit sie mit der Natur der Manzipation (als Barkauf) im Einklange standen, darum z. B. nicht Bedingungen und Befristungen.

Zuwägung ohne Zahlung, das ist der Zustand, den bereits das Zwölftafelrecht im Auge hat, indem es den Manzipationsakt auch ohne reale Zuwägung für wirksam erklärt: Cum nexum faciet mancipiumque, uti lingua nuncupassit, ita ius esto, zugleich aber die Verbindung zwischen Zahlung und Eigentumsübergang, den Charakter des Geschäftes als Bargeschäft dadurch aufrecht hält, daß es durch allerdings nicht überlieferten, aber so gut wie feststehenden Rechtssatz Eigentum nur übergehen läßt, wenn Zahlung erfolgt ist. Der Zahlung war vielleicht schon durch die Zwölftafeln Sicherstellung, später auch Kreditierung (si is qui vendidit, fidem emptoris secutus fuerit) gleichgestellt.

So entwickelte sich die Manzipation als naturwüchsiges Produkt des Verkehrsbedürfnisses allmählich zu einem zweiseitigen Formalgeschäft, das zugleich eine zweifache Funktion versah, Eigentumsübertragung und Kauf. Diese Doppelfunktion, die das Formular durch den Hinweis auf den Kauf deutlich zum Ausdruck brachte, diese mangelnde Scheidung zwischen dinglicher und obligatorischer Rechtswirkung ist vielleicht auch der beste Beweis für die umfassende und ausschließliche Herrschaft dieser Geschäftsform im älteren Recht. Diese Doppelnatur der Manzipation gibt zugleich dem altrömischen Eigentum sein besonderes Gepräge.

Ohne daß es einer besonderen Zusage in der nuncupatio bedurfte — das beweisen namentlich zwei Umstände, die durch die Rechtsvergleichung zu höchster Wahrscheinlichkeit gebrachte ursprüngliche Deliktsnatur des Gewährbruches und die Notwendigkeit der Manzipation nummo uno, um einen Scheinpreis, wenn die Haftung vermieden werden soll —, machte die Manzipation den Veräußerer dem Erwerber für das Doppelte (duplum) des im Formular genannten Preises — dies zugleich der deutlichste Beweis für die deliktische Natur des Anspruches — haftbar, wenn er ihm die Sache durch einen Dritten mit Erfolg abstreiten ließ. Nicht so sehr die (betrügerische) Annahme des Preises für eine fremde Sache oder schon die Hingabe der fremden Sache als vielmehr die Unterlassung des Schutzes gegenüber dem Dritten, die Versagung der Gewährleistung (auctoritas) stellte demnach anscheinend das Haftung begründende Delikt dar. Die Verpflichtung des Manzipanten, die der Erwerber mit der sogenannten actio auctoritatis geltend macht, besteht in der Gewährleistung und nur, wenn sie nichts fruchtet oder unterlassen wird, im Ersatze des duplum.

Das war der Rechtsschutz, aber auch der einzige Rechtsschutz, den die Manzipation dem Erwerber gewährte. Sie vermittelte lediglich den Erwerb der Sache und erzeugte bloß gegenüber dem Manzipanten Anspruch auf ungestörten Genuß und auf Schutz gegen fremden Eingriff. In diesem Sinne gewährte die Manzipation nicht absolutes Recht gegen jedermann, sondern nur relatives Recht gegenüber dem Vormanne.

Wohl hat der Erwerber auch die auf sein meum esse gestützte vindicatio. Aber auch sie schuf ihm ursprünglich kein dingliches, gegen jeden Dritten verfolgbares Recht. Der Ausgangspunkt der vindicatio ist freilich nur zu vermuten. Namentlich versagt hier auch die Etymologie. Immerhin weisen die verschiedenen Ableitungen auf verwandte Bedeutungen hin. Wären vindicatio, vindicare, vindex, vindicta aus dem keltisch-germanischen venio-, veni-s herzuleiten, wofür die lautliche Berechtigung freilich erst zu erweisen wäre, so würden sie den Hinweis auf die Familie, also zunächst den in der Familien-, in der Blutrache schlummernden Gedanken andeuten. Ließe sich die vom lateinischen Standpunkt am nächsten liegende Etymologie von vim dicere halten, der die Erwägung hinderlich ist, daß die Reihe offenbar von vindex, nicht von vindicere ausgeht und daß ein Akkusativ als erstes Glied einer Zusammensetzung sprachwidrig ist, so ergäbe sich als Urbedeutung etwa das Ansagen der Fehde. Sollte endlich — anderer längst verworfener Vermutungen zu geschweigen — Verwandtschaft mit einer allerdings im Lateinischen sonst ebenfalls nicht vertretenen Sippe von vina, vaina, vainât vorliegen, so käme man zu der Grundbedeutung Schuld, Schaden. In jedem Fall führen die Spuren daher auf das Verbrechen und dessen Sühne zurück. Dazu stimmt auch die Verwendung des Stabes, der vindicta oder festuca im Verfahren vor Gericht, die wohl wie im germanischen Recht an

Stelle des Speeres oder Geres, der Waffe getreten ist, mit der der Verletzte sein Recht ursprünglich verfolgte. An diesen deliktischen Ursprung der Klage erinnert endlich vielleicht noch der Vorwurf der iniuria (quando tu iniuria vindicavisti) im späteren Verfahren und die Bezeichnung gewisser Deliktsklagen als actiones vindictam spirantes. Man wird daher kaum fehl gehen, wenn man, an indogermanische, namentlich an Analogien des alten deutschen Rechtes anknüpfend, in der vindicatio ursprünglich das Seitenstück zur persönlichen Diebstahlsklage (actio furti) erblickt, womit der, in dessen Gewahrsam sich die Sache bisher befunden, an Stelle des subjektiven Tatbestandes, unter Verzicht auf den Vorwurf der Missetat, auf Grund des objektiven Tatbestandes der Entwendung die Sache verfolgt, um in dem Besitzer oder durch dessen Vermittlung den Dieb zu finden. Auch die Vindikation stützte sich mit anderen Worten vermutlich zunächst nicht „auf abstraktes und unsichtbares Eigentum, sondern auf einen handgreiflichen Eingriff", auf ein Delikt, auf Diebstahl. Es ist nicht anzunehmen, daß die Rechtsordnung schon in dieser ältesten Zeit mit dinglichen und persönlichen Klagen rechnete, den Schutz gegen Rechtsverletzungen nach der Existenz und Beschaffenheit eines abstrakten Rechtes bestimmte. Die Rechtsverletzung kam vielmehr damals vermutlich nur als Delikt in Betracht. Erst im Fortschritte der Entwicklung ergab sich der abstrakte Begriff des Rechtes an der Sache, wurde der Schutz des dinglichen Rechtes um seiner selbst willen anerkannt. Auch diesen Übergang hat man sich vielleicht so zu erklären, daß das gestohlene Gut (res furtiva) diese Eigenschaft auch in der Hand jedes Dritten behielt, wie das ja für die Ersitzung tatsächlich Rechtens war, und daher die Verfolgung gegenüber jedem Dritten gestattete, bis man das schließlich zuließ, gleichgültig wie die Sache dem Eigentümer abhanden gekommen war.

Dieser deliktische Ursprung der vindicatio spiegelt sich anscheinend noch im späteren Verfahren wider. Es läßt vermuten, daß der Belangte ursprünglich zur Angabe seines Erwerbsgrundes gezwungen war: postulo anne dicas, qua ex causa vindicaveris. Das war zugleich der Augenblick, in dem die Gewährleistungspflicht praktisch wurde. Auf diese Frage mußte sich der Beklagte, wollte er nicht sachfällig werden und seines Währschaftsanspruches verlustig gehen, „an seinen Gewähren ziehen“, indem er (in iure ?) an seinen Vormann die Aufforderung richtete, sich zur Gewährpflicht zu bekennen, die Defension zu übernehmen: postulo anne fuas auctor. Die Ablehnung dieser Verpflichtung oder die erfolglose Beistandleistung, kraft deren der Vormann ursprünglich vermutlich an Stelle der bisherigen Partei in den Prozeß eintrat, begründete dann die durch die Manzipation übernommene Ersatzpflicht.

Damit fällt auch auf die Verteilung der Beweislast in diesem ältesten Verfahren ein besonderes Licht. So sehr die ihm eigentümliche contravindicatio und der Mangel eines Besitzvorteiles auf der einen oder anderen Seite für eine Gleichstellung der Parteien auch in der Beweisfrage zu sprechen scheinen, kann doch gerade „bei einem so angelegten Verfahren ein Beweis absoluten Eigentums nicht verlangt worden sein“, „weil man sonst zu keinem Ausgang gekommen wäre, wenn keine der Parteien diesen erbrachte“. In der Tat wird man vielleicht gerade in der Nötigung des Beklagten zur contravindicato den Ausdruck einer Ungleichheit der Parteistellungen zu erblicken haben. Die formelle Unterlassung der contravindicatio bewirkt an sich schon Eigentumsübergang an den Kläger gegenüber dem Beklagten (durch in iure cessio). Auch das bloße Leugnen des Beklagten ersetzt die Wirkung der contravindicatio nicht. Selbst contravindicatio führt zum Erfolg erst, wenn der Beklagte die weitere Frage des Klägers nach seinem Erwerbsgrunde zu beantworten vermag. Die Antwort des späteren Verfahrens: ius feci sicut vindictam imposui, mit der er diese Angabe ablehnt und dem Kläger den Beweis zuschiebt, charakterisiert sich damit deutlich als Abweichung von einem früheren Rechtszustande. Denn die Frage ist damit zur rhetorischen Frage geworden, was sie ebenso erst geworden sein muß, wie die mancipatio erst aus einem Barkauf zur venditio imaginaria wurde. Die Beweislast traf vermutlich anfänglich hier ebenso den Beklagten, wie im germanischen und im Recht von Gortyn der Beklagte selbst ein Recht behaupten mußte, wenn er nicht sachfällig werden wollte, weil der Besitz als solcher noch keinen Rechtsschutz gewährte. So war das Eigentum damals anscheinend nicht absolutes Recht, sondern nur relativ wirkendes Recht, geschützt einerseits gegen den Dieb, andererseits unterstützt durch die Währschaftspflicht des Vormannes.

Abgestreift hat diese relative Natur wohl schon der Eigentumserwerb, der den Erwerbsgrund bereits verschweigt, die in iure cessio. Der Erwerber spricht dieselben Worte wie bei der Manzipation: hanc rem meam esse aio ex iure Quiritium, indem er die Sache wie dort, doch mit dem Stabe (vindicta) anfaßt. Der Vorgang spielt ferner hier vor Gericht, in iure, in Gegenwart des Übertragenden, doch ohne testes, aes und libra, in Gestalt der vindicatio. Die Erklärung (vindicatio) des Erwerbers, der gegenüber der Veräußerer formell schweigt, trotz Aufforderung des Magistrats die contravindicatio unterläßt, erzeugt, durch den Beispruch (addictio) des Gerichtsherren bekräftigt, die gewünschte Rechtswirkung. Nicht Scheinprozeß, sondern streitlose legis actio, außerstreitiges Gerichtsverfahren, ist der Sinn des Vorganges. Denn nicht ein rechtliches, durch Urteil zu lösendes Streitverhältnis soll auch nur zum Scheine begründet werden, da Gerichtsherr und Parteien von vornherein wissen, was sie wollen und sollen. So sicher daher die Auffassung der in iure cessio als Scheinprozeß nicht alle ihre Eigentümlichkeiten und Wirkungen zu erklären vermag, sie vielmehr als „ein hybrides und im Grunde nicht klar zu denkendes Institut" anerkennen muß, so schwer fällt es doch auch, die Entstehung des Institutes und die dem römischen Rechte sonst fremde legalisierende Tätigkeit des römischen Beamten auf anderer Grundlage zu erklären. Allerdings eben nur für die älteste Zeit. Denn die Zwölftafeln bestätigen bereits die Rechtswirkungen der in iure cessio, die also seitdem jedenfalls ihre Kraft aus dem Gesetze schöpfte. Für die Urzeit muß die Vorstellung ausgereicht haben, daß ein Recht als genügend gesichert gelte, wenn es durch feierliche Erklärung des Erwerbenden und förmlichen Verzicht des bisherigen Inhabers öffentlich begründet und von dem Beamten namens der Gemeinde bestätigt ist — die heute allerdings stark verpönte Vorstellung des publizistischen Rechtsaktes.

Wie die Loslösung vom Erwerbsgrunde (causa), so spricht auch die sichtlich künstliche Bildung für das jüngere Alter der in iure cessio im Vergleiche zur Manzipation. Unterstützt wird diese Annahme dadurch, daß gerade die Geschäfte, die ausschließlich an die Form der in iure cessio gebunden sind, wie Freilassung, Adoption u. a. m., nicht zum ältesten Rechtsbestande gehören während die Manzipation schon ihr Namen, Kupfer und Wage, die Vornahme vor Zeugen, nicht vor Gericht, der Ursprung im latinischen Stammesrecht und ihre regelmäßige Voranstellung bei Aufzählung der Eigentumserwerbsarten als älter erscheinen lassen, obwohl gerade sie später nicht allgemein anwendbar ist.

Die in iure cessio ist die Erwerbsart, die ziviles Eigentum auch an res nec mancipi verschafft, seitdem der Gegensatz von res mancipi und nec mancipi aufgekommen ist. Möglich, daß sie ebendarum und bald danach der Manzipation an die

Seite gestellt wurde. Jedenfalls muß es aber von jeher vorgekommen sein, daß bei der Übertragung von Sachen die Rechtsform vernachlässigt, Eigentum formlos übertragen oder wenigstens zu übertragen versucht wurde. Die formlose Übergabe (traditio) von res mancipi, das Schulbeispiel der späteren Zeit, war sicherlich schon der ältesten Zeit nicht fremd. Ebenso sicher ist aber wohl auch die rechtliche Bedeutungslosigkeit eines solchen Vorganges. Dasselbe gilt von einer Reihe dem ius gentium angehöriger Erwerbsarten, wie occupatio bellica, implantatio, satio, inaedificatio u. a. m., die in Rom sicherlich schon vor allem Fremdenverkehr heimisch waren. Man darf sie deshalb nicht etwa als zivile Erwerbsarten ansprechen, indem man dem national-römischen, dem eigentlichen ius civile ein uneigentliches, einen weiteren Begriff des ius civile gegenüberstellt, der alle die Rechtseinrichtungen umfaßt, die den Römern von Haus aus nach Inhalt und Form mit anderen Völkern gemein waren. Denn diese Auffassung ist um nichts weniger falsch, weil sie selbst späteren römischen Juristen geläufig war. Sie verdankt ihre Entstehung nicht einer juristischen Betrachtung der Rechtsentwicklung, sondern ist ein Denkprodukt der stoischen Philosophie. Auch diese Erwerbsarten schaffen zunächst nicht quiritisches Eigentum. Wer rechtliche Wirkungen hervorrufen will, muß sich allezeit und überall der volksrechtlich anerkannten und vorgeschriebenen Geschäftsformen bedienen. Welche praktische Bedeutung sollte denn auch die Abtretung vor Zeugen oder vor Gericht haben, wenn einfache Übergabe oder Aneignung denselben Erfolg gehabt hätte.

Aber nach einer gewissen, verhältnismäßig kurzen Frist verwandelte sich jeder tatsächliche Erwerb, sofern er nicht, wie der Erwerb von Zuwachs und Früchten, überhaupt keines besonderen Rechtsaktes bedurfte, sondern durch das quiritische Eigentum an der Hauptsache miterfaßt wurde, in einen rechtlichen: Usus auctoritas fundi biennium est, ceterarum rerum omnium annuus est usus bestimmten schon die Zwölftafeln, vermutlich nicht neues Recht schaffend, sondern altes bestätigend. Die Ersitzung (usus, usucapio) verwandelte, dank der heiligenden Macht der Zeit, den tatsächlichen in einen Rechtszustand. Nur was überhaupt nicht erworben werden kann (res nullius), res mancipi der Frau in Agnatentutel und gestohlenes Gut (res furtivae) sind davon ausgeschlossen. Gestohlenes Gut aber ist nicht bloß die widerrechtlich angeeignete Sache. Diebstahl ist auch schon der Verkauf und die Übergabe einer fremden Sache und gestohlenes Gut behält diese Eigenschaft auch in der Hand jedes späteren, selbst redlichen Erwerbers, solange es nicht, wie eine lex Atinia aus dem Ende des sechsten Jahrhunderts ausdrücklich verfügte, in die Hand des Bestohlenen zurückgelangt ist. Dieser weite, von der iusta causa des Erwerbes unabhängige Begriff des gestohlenen Gutes und die ausdrückliche Ausnahme bestimmter Sachen von der Ersitzung machen es wahrscheinlich, daß Ablauf der erforderlichen Zeit damals die einzige Voraussetzung der Ersitzung war, daß iusta causa und bona fides, die überdies eine psychologische Analyse des Urteiles voraussetzen, wie sie dem an positive und konkrete Tatsachen anknüpfenden älteren Rechte fremd ist, erst durch die Rechtswissenschaft und viel später künstlich geschaffene Voraussetzungen sind. Unterstützt wird diese Annahme dadurch, daß gerade die dem ältesten Recht angehörenden Sonderbildungen, Ususehe, usucapio pro herede u. a. m., die als Abweichungen von dem Haupttypus, einer allgemeinen Erscheinung folgend, die ursprünglichen, in dem lebenskräftigeren Haupttypus allmählich verwischten Züge rein bewahrt haben dürften, diese Erfordernisse ebenfalls nicht kennen. Den iustus titulus der Usukapion gerade umgekehrt als Rest aus der Zeit des Bargeschäftes aufzufassen und die Ersitzung in allernächste Beziehung zum

Kaufe zu setzen, legen ja vielleicht die Zusammenstellung usus auctoritas (actio auctoritatis ?) und die innige Beziehung der Ersitzung zum Kauf in der actio Publiciana besonders nahe. Diese Erscheinungen erklären sich aber wohl zur Genüge daraus, daß damals vermutlich der fehlerhafte Kauf den Hauptanlaß der Ersitzung bildete. Andererseits soll die noch immer rätselhafte Verbindung von usus und auctoritas vielleicht gerade ausdrücken, daß usus überhaupt Unrecht zu Recht und darum auch die auctoritas überflüssig mache.

Mancipatio, in iure cessio und usus sind die ausschließlichen Erwerbsarten dieser Zeit. Nur der Eigentumserwerb durch adiudicatio, durch rechtsgestaltendes Urteil im Teilungsprozeß, ist noch hierher zu stellen. Wenigstens wird die adiudicatio gelegentlich als legis actio bezeichnet. Ihre Funktion war aber wohl auf die Auseinandersetzung der Erbengemeinschaft (actio familiae erciscundae) beschränkt. Die actio communi dividundo scheint erst später im Anschluß an die rechtliche Anerkennung des Gesellschaftsvertrages zur Lösung der durch die persönliche actio pro socio nicht trennbaren Sachgemeinschaft unter den Genossen geschaffen worden, die Grenzberichtigung (actio finium regundorum) dagegen zwar schon den Zwölftafeln bekannt gewesen, damals aber auf die Feststellung und körperliche, an Ort und Stelle vorzunehmende Klarlegung der Grenzen (controversia de fine) beschränkt gewesen zu sein.

Schon diese Erwerbsarten schließen eine entscheidende Entwicklung in sich, den Übergang vom kausalen zum abstrakten, vom relativen zum absoluten Rechtserwerb. Denn die Manzipation erscheint zwar in ihrer späteren Gestalt als Typus des abstrakten Eigentumsübertragungsgeschäftes. In ihrer ursprünglichen Gestalt als Barkauf schöpft sie ihre Kraft und Wirkung jedoch gerade umgekehrt aus ihrer causa, aus dem Kaufe. Die in iure cessio hat dagegen die Beziehung auf den Erwerbsgrund von Anfang an abgestreift. Sie gewährte dem Erwerber ein absolutes „meum esse“. Den Übergang vermittelte vielleicht der usus, indem er einerseits den Gewährenzug an den Vormann ersparte, andererseits den Beweis eines Rechtes ersetzte. Damit war die Umwandlung des relativen in absolutes Eigentum vollzogen.

An der Fahrhabe, an beweglichen Sachen zur Ausbildung gelangt, ist das Herrschaftsrecht des pater familias, seit es unbewegliches Gut auch umfaßt, an Sachen beider Art dasselbe. Immerhin trägt das Recht an unbeweglichem Gute vermöge der eigentümlichen Natur der unbeweglichen Sachen, die eine feste Lage haben und nur künstliche Teile des an sich zusammenhängenden und bloß willkürlich umgrenzten Bodens sind, die Notwendigkeit der Beschränkung im Interesse des Nachbarn und der Öffentlichkeit überhaupt in sich. Darum sind solche, heute nicht sehr passend Legalservituten genannte Beschränkungen auch in Rom uralt, schon in den Zwölftafeln vollkommen ausgebildet, wie der ambitus, die Verpflichtung, einen fünf halbe Fuß breiten Grenzstreifen des Ackerlandes freizulassen, oder die, den an das Grundstück angrenzenden Teil der öffentlichen Straße zu erhalten u. a. m.

Aber auch die eigentlichen Dienstbarkeiten oder Servituten (servitutes), die dinglichen Rechte an einer fremden Sache im Interesse eines Grundstückes sind uralt. Die sogenannten Personalservituten, usus fructus, usus, habitatio, operae servorum, gehören anscheinend erst der vorgerückten republikanischen Zeit an, Bodenzins (superficies) und Erbpacht (emphyteusis) jedenfalls erst dem prätorischen Rechte. Darum werden auch die Grunddienstbarkeiten (servitutes, iura praediorum) bisweilen noch später als servitutes schlechtweg bezeichnet. Sie charakterisieren sich als Nutzungsrechte am fremden Grund, als Weide- (ius pascendi), Weg- (iter, actus, via) und Wasserrechte (aquae ductus, aquae haustus, pecoris ad aquam adpulsus) für den landwirtschaftlichen Betrieb (iura praediorum rusticorum) oder als Recht zur Ableitung von Abzugskanälen (servitus cloacae immittendae), zur Benützung der fremden Stützmauer, als Recht der Dachtraufe usw. (iura praediorum urbanorum) im Verhältnisse zwischen Nachbargrundstücken, wobei für den Charakter des Rechtes als ländliche oder als städtische Grunddienstbarkeit nicht die Lage der Grundstücke oder die Natur der Dienstbarkeit, sondern die wirtschaftliche Bestimmung des herrschenden Grundstückes maßgebend gewesen zu sein scheint. Die Unsicherheit der Unterscheidung ist um so bedenklicher, als nur die Rustikalservituten res mancipi waren.

Das Bedürfnis nach solchen Rechten am fremden Grunde mußte sich herausstellen, sobald die Aufteilung des Bodens den einzelnen auf den unzureichenden Privatbesitz beschränkte und daher Unterstützung durch das Nachbargrundstück und dessen Erzeugnisse erheischte. Darum wird man vielleicht diese Grunddienstbarkeiten nicht so sehr als Neuschöpfungen aus der Zeit des Überganges zum Privateigentum an Grund und Boden, sondern vielmehr als Umbildungen des alten gemeinsamen Nutzungsrechtes an der Allmende anläßlich deren Auflösung in Privatgründe, gewissermaßen als Rudimente des alten Gemeineigentums, als Fortsetzung der früheren Sondernutzung am gemeinsamen Grund anzusehen haben.

Daraus erklärt es sich auch am natürlichsten, daß gerade die zweifellos älteren Rustikalservituten — die Urbanalservituten reichen anscheinend nicht über den gallischen Brand zurück, hängen vermutlich mit dem Wiederaufbau der Stadt nach dem gallischen Raubzug zusammen — ursprünglich wenigstens den res corporales gleichgeachtet wurden, was nichts anderes bedeutet, als daß damals die Grunddienstbarkeiten dem Eigentum nahezu gleichstanden. Das äußert sich namentlich darin, daß Dienstbarkeiten wie das Eigentum durch

Manzipation, Injurezession (entweder in der Form der Servitutenklage: aio mihi esse ius . . . [translatio] oder anläßlich der Eigentumsübertragung durch Vorbehalt der Servitut [deducto iure . . .]), Adjudikation und bis zu einer lex Scribonia unbekannten Datums auch durch Usus erworben wurden und daß der Rechtsschutz der Dienstbarkeit sich in den Formen der Vindikation (legis actio sacramento in rem) bewegte.

Dieser Rechtsschutz konnte zweifacher Art sein. Der Eigentümer des dienenden Grundstückes konnte die Freiheit seines Grundstückes von der angeblichen Last (actio negatoria) oder der Eigentümer des herrschenden Grundstückes den Bestand seiner Dienstbarkeit (actio confessoria) erstreiten wollen. Die Frage ist in beiden Fällen dieselbe. Darum ist in der Zeit der zweiseitigen Legisaktion auch die Klage in beiden Fällen dieselbe. Nur mußten vindicatio und contravindicatio, die hier wohl nicht auf rem meam esse, sondern auf ius esse und ius non esse oder auf aio mihi ius esse und nego tibi ius esse abgestellt waren, vertauscht werden, je nachdem ob der Kläger die Freiheit des Eigentums oder den Bestand der Dienstbarkeit behauptete.

Als Recht am Grundstück gibt die Dienstbarkeit niemals einen persönlichen Anspruch gegen den Eigentümer des dienenden Grundstückes: servitus in faciendo consistere nequit. Als Recht am fremden Grunde hört sie von selbst auf, wenn das Eigentum beider Grundstücke in einer Hand vereinigt (confusio) wird: nemini res sua servit. Die Dienstbarkeit erlischt ferner anscheinend von jeher auch schon durch bloße Unterlassung der Ausübung (non usus) innerhalb der Ersitzungsfrist von zwei Jahren. Als Beschränkung des fremden Eigentums im Interesse des herrschenden Grundstückes ist sie weder ganz noch teilweise (servitus servitutis esse non potest) veräußerlich oder vererblich und unteilbar.

Drittes Kapitel: Schuld und Haftung.

Bislang begegnete die Manzipation als einziges Erwerbsgeschäft. Die Injurezessio ist nur Übertragungsakt. Aber auch die Manzipation ist zunächst nur Bargeschäft. Denn das Bargeschäft ist die einzig mögliche Geschäftsform, solange die öffentliche Gewalt als Schützerin vermögensrechtlicher Interessen noch des allgemeinen Vertrauens ermangelt. Ebenso sicher ist aber, daß sich sehr bald in halbwegs entwickelten Verhältnissen das Bedürfnis nach Kreditgeschäften geltend machen, daß sich das Vermögensrecht zum Obligationenrecht ausweiten muß.

Den ersten Anstoß dazu bietet wohl die Bußhaftung aus privaten Delikten. Auch in Rom war es vermutlich nicht anders. Die Verletzung, das Delikt gab dem Verletzten zunächst ein Recht auf Rache durch Selbsthilfe, das er sich später durch ein Wehr- oder Bußgeld ablösen ließ — solche Sühneverträge wie das pacisci cum fure sind bestimmt überliefert —, um sich schließlich von vornherein mit dem gerichtlichen Anspruch auf Buße — Deliktsklage — zu begnügen. Nur freilich war auch die Buße anfänglich sofort fällig, sollte sie sofort entrichtet werden. Die außergerichtliche Vereinbarung, der gerichtliche Spruch lauteten auf Zahlung. Andererseits war die sofortige Zahlung wegen der Höhe der Buße — die Regel bildete das duplum — zumeist unausführbar. Dem Schuldner mußte eine Frist gewährt, dem Gläubiger aber wenigstens Sicherstellung geboten werden. Das war der Punkt, an dem die Entwicklung des Obligationenrechtes einsetzte. Denn die Eskomptierung künftiger Werte zur Deckung gegenwärtiger Bedürfnisse und die Sicherstellung künftiger Bedürfnisse durch Preisgabe überschüssiger Werte ist der Sinn des Obligationenrechtes. Der Schuldner sucht, der Gläubiger gewährt Kredit, weil jener schon jetzt braucht, wofür er erst später Deckung bieten kann, weil dieser jetzt entbehren kann, was er später benötigt. Darum steht wohl schon in der Urzeit neben der Deliktsschuld auch die Versprechensschuld.

Ob gerichtlich oder außergerichtlich vereinbart, in jedem Falle gewährte aber der Gläubiger dem Schuldner Kredit wohl nur gegen Sicherstellung. Denn eine Macht, die Leistung zu erzwingen, gewährte das Schuldverhältnis von Haus aus nicht. Es begründete ja an sich keine Herrschaft über Person oder Vermögen des Schuldners. Volle Wirksamkeit erlangte es erst, wenn eine persönliche oder sachliche Haftung damit verknüpft war, die dem Gläubiger die Möglichkeit gewährte, sich an das Haftungsobjekt zu halten, falls die Schuld nicht erfüllt wird. Gerade bei der Deliktsschuld tritt dieser Gegensatz von Schuld und Haftung nicht deutlich zutage, insofern hier das Delikt an sich von jeher wie die Schuld so auch die Haftung begründete. In der Tat ist es aber auch hier nicht anders. Denn der Grund der Haftung ist auch hier nicht die Bußschuld als solche, sondern die durch das Delikt bedingte Straffälligkeit, die den Täter je nach Art der Tat der öffentlichen oder der Privatrache aussetzt, haftbar macht. Immerhin ist Haftungsgrund hier ein allgemeiner rechtlicher Zustand. Wo dagegen die bloße Nichterfüllung einer übernommenen Verbindlichkeit haftbar machen sollte, da mußte die Haftung durch besonderes Rechtsgeschäft begründet werden. Aus diesem Gesichtspunkte sind vermutlich die ältesten Geschäftsformen des römischen Obligationenrechtes, nexum, fiducia und sponsio zu erklären. Die Trennung von Schuld und Haftung, der Mangel einer unseren heutigen Anschauungen entsprechenden, Schuld und Haftung zusammenfassenden Vorstellung spricht sich schon darin aus, daß der einheitliche Begriff der Obligation dieser Zeit noch fremd ist. Er ist noch nicht einmal P l a u t u s bekannt, der obligare nur einmal im juristischen Sinn und auch da nur für die Verpfändung verwendet, vermutlich noch in der Vorstellung befangen, daß „obligatio“ eben nur Haftung bedeutet.

Die dürftigen und widerspruchvollen Quellen erschweren eine klare Vorstellung des nexum. Es erscheint identisch bald mit dem Geschäft per aes et libram, also für die älteste Zeit mit dem rechtsverbindlichen Geschäft überhaupt, bald gerade nur mit der Manzipation, bald umgekehrt bloß mit der aus Geldschulden entspringenden Verknechtung. Jedenfalls war das nexum Geschäft per aes et libram, nicht bloß eine Seite der Manzipation, die Zuwägung des Geldes im Gegensatze zum Handgriff, zum Eigentumserwerb des Käufers oder die in der actio auctoritatis zum Ausdrucke kommende obligatorische Haftung im Gegensatze zur dinglichen Rechtswirkung, zum Eigentumsübergang. Das ist vielleicht das einzige, was nach dem heutigen Stande der Dinge als gesichertes Ergebnis angesehen werden darf. Doch überwiegt wohl von jeher — darauf weist schon die Etymologie, nexum, nectere, binden, haftbar machen, hin — im nexum die Vorstellung der Bindung, Haftung und umfaßt es auch die Manzipation nur im Hinblick auf das durch sie begründete Haftungsverhältnis. Im übrigen sind aber Form und Inhalt des Geschäftes auch heute noch zweifelhaft. Nur gerade die lange Zeit alleinherrschende Vorstellung eines reellen, per aes et libram gegebenen Darlehens, das den säumigen Schuldner sofort der manus iniectio des Gläubigers unterwarf, mit Exekutivkraft ausgestattet war, darf als ziemlich abgetan gelten. Dagegen spricht neben anderen gewichtigen Gründen vor allem der Umstand, daß Gajus das nexum nirgends, auch nicht an solchen Stellen, wo man es geradezu erwarten müßte, als Titel der manus iniectio namhaft macht. Insbesondere darf man nicht etwa ein indirektes Zeugnis dafür in der Spruchformel der manus iniectio (quod tu mihi iudicatus sive damnatus es) oder darin erblicken, daß auch die Judikatsschuld per aes et libram getilgt werden mußte. Denn auch die damnatio gehört hier dem Formular der actio iudicati an. Der Unterschied ist lediglich der, daß die damnatio vermutlich den Spruch des Schätzungsrichters (iudex arbiterve) bezeichnet. Die Tilgung auch der Judikatsschuld per aes et libram aber war unvermeidlich, solange die Zahlung Formalakt und das Libralgeschäft der einzige dazu taugliche Formalakt war.

Andererseits weisen alle Erfahrungen der vergleichenden Rechtswissenschaft, die etymologische Bedeutung des nexum und die Nachrichten der römischen Historiker über das nexum, namentlich die Hauptbelegstelle aus Varros Schrift de lingua latina auf die Selbstverpfändung des Schuldners als Hauptinhalt des nexum hin. Die Analogie der Manzipation würde es nahelegen, das nexum als Barkauf zu denken, bei dem der Schuldner die Ware vertreten, der Kaufpreis die Bedeutung eines Darlehens haben würde, wobei eine entsprechende nuncupatio die Freigabe des Schuldners für den Fall der Rückgabe des Preises, der Rückzahlung des Darlehens gewährleistet hätte. Dagegen spricht aber alles. Das nexum aes, die pecunia nuncupata, womit die Darlehnsvaluta bezeichnet wird, läßt sich schon aus philologischen Gründen nicht als Geld auffassen, das durch Selbstmanzipation des Schuldners sichergestellt wird. Die Selbstmanzipation wiederum erscheint auch ihrerseits als etwas der römischen Rechtsvorstellung durchaus Fremdartiges, die darum ja vermutlich auch bei der coemptio, dem einzigen Fall, den man vielfach mit Sicherheit dafür in Anspruch nehmen zu können glaubte, nicht stattfand. Endlich erscheint das nexum se dare, das nexum inire regelmäßig als schwerstes, als letztes Stadium eines Schuldverhältnisses, als Folge der Überschuldung, nirgends als regelmäßige, primäre Begleiterscheinung jeder Darlehensschuld. Wahrscheinlich ist daher nach all dem nur, daß Darlehensbegründung und Verknechtung regelmäßig auseinanderfielen, daß das nexum der Verknechtungsvertrag war, und daß die Verknechtung zwar per aes et libram, aber nicht durch Selbstmanzipation erfolgte.

Selbstverknechtung findet erst und nur statt, wenn der Schuldner vermögenslos ist und daher bloß seine Arbeitskraft einzusetzen vermag. Sie geschieht per aes et libram, aber nicht durch Selbstmanzipation. Man kann sich vielleicht zum Beweise dafür auf die Terminologie berufen, die den nexus stets dem Manzipierten, dem in causa mancipii, in mancipio Befindlichen gegenüberstellt. Die Form des Vorganges kann man sich, selbst wenn man das lange festgehaltene Gesetz der Korrespondenz zwischen Bindungs- und Lösungsakt mit Recht ablehnt, nach Analogie der nexi liberatio denken, die zumindest die Annahme gestattet, daß, wie der remancipatio die nexi liberatio, so auch der mancipatio die nexi obligatio als selbständiges Libralgeschäft zur Seite stand.

Über den näheren Inhalt dieses Verknechtungsvertrages sind freilich bloß Vermutungen möglich. Anzunehmen ist nur, daß in demselben Maß, in dem sich die Manzipation zum allgemeinen Geschäftstypus erweiterte, auch das Anwendungsgebiet des nexum, der Selbstverpfändung, eine entsprechende Erweiterung erfahren mußte. Wer eben kein genügendes Vermögen besaß, mußte sich selbst zum Pfande setzen. Das konnte ebenso zu Kreditzwecken wie zur Verwertung der Arbeitskraft geschehen. Nicht sagen läßt sich dagegen, „ob die Arbeit des Schuldners irgendwie tarifiert war, so daß eine allmähliche Amortisation der Schuld eintrat, oder ob der Schuldner schlechthin Knecht wurde auf solange, bis irgendwie die Zahlung erfolgte". Die steten Klagen über die drückende Lage der nexi legen die letztere Annahme näher. Auch würde sich die lex Poetelia (428 [441]? a. u. c.), die das nexum anscheinend nicht beseitigte, sondern nur abschwächte, ungezwungen in dieses System einfügen, wenn sich ihr die

Aufgabe zuweisen ließe, daß sie die Vereinbarung sklavenmäßiger, d. h. der Zeit und Art nach unbegrenzter und unbestimmter Dienste verbot, die Veranschlagungswillkür des Gläubigers durch einen Tarif ersetzte.

Jedenfalls ist die Besorgnis unbegründet, es könnte dem Schuldner die Reklamation seiner Freiheit unmöglich gewesen sein. Ein adsertor in libertatem hätte dem capite deminierten Schuldner vermutlich ebensowenig gefehlt wie der vindex bei ungerechter manus iniectio iudicati. Wahrscheinlich zog aber das nexum eine capitis deminutio überhaupt nicht nach sich. Wenigstens erscheint die nexi liberatio nirgends als Rückübertragung einer zivilen Gewalt an den Schuldner oder an einen vindex. Sie konnte anscheinend ebenso wie die nexi obligatio durch den Schuldner selbst geschehen. Darum ist es auch nicht wahrscheinlich, daß das nexum die Familie des Schuldknechtes, sein Weib und seine Kinder ergriff. Dann unterschied aber die Erhaltung der Persönlichkeit den nexus wesentlich vom iudicatus und war es vielleicht der eigentliche Sinn des nexum, den Schuldner der Personalexekution zu entziehen, den Verkauf des Schuldners trans Tiberim oder dessen Tötung zu ersetzen.

In dieser Erwägung mag das nexum vielfach dazu gedient haben, noch in der Exekutionsinstanz die Gefahr der Personalexekution vom Schuldner abzuwenden, indem er die Judikatsschuld durch Selbstverknechtung sicherstellte. Damit wäre zugleich die Anknüpfung an den vermutlichen Ausgangspunkt des Obligationenrechtes, an die Deliktsschuld gefunden. Delikt, Klage, Urteil, Selbstverpfändung. Doch konnte das nexum gewiß von jeher auch schon in einem früheren Zeitpunkte, bereits bei Begründung eines Schuldverhältnisses, zustande kommen. An der sofortigen Verknechtung für die erst später fällige Schuld wird man um so weniger Anstoß nehmen dürfen, als sie trotzdem kaum eine mit den ältesten Rechtsanschauungen in der Tat schwer verträgliche Bedingung oder Befristung erheischte, vielmehr wohl ähnlich der germanischen Vergeiselung, solange die Schuld schwebte, dem Gläubiger bloß custodia, erst nach Fälligkeit der Schuld auch Recht auf Dienste und sonstige Zugriffsmacht gewährte. Möglich, daß der von der Obrigkeit nicht genügend gerügte Mißbrauch der custodia einen der Beschwerdepunkte der Plebs wegen der Schuldhaft ausmachte. Jedenfalls ist aber das nexum wohl zu denken als selbständige, nicht Schuld, sondern Haftung begründende Selbstverpfändung, die als solche nur ein persönliches Recht gegen den nexus gewährte.

War aber Selbstverpfändung schon wegen ihrer schwerwiegenden Folgen das äußerste und letzte Mittel, sich durch Haftungsübernahme Kredit zu verschaffen, so muß frühzeitig auch eine andere Art der Haftung zu Gebote gestanden sein. Das kann nur Sachhaftung gewesen sein. Ihr Mittel war vermutlich die fiducia, Sachpfandsetzung, ihre Form Manzipation oder Injurezession fidi fiduciae causa, Eigentumsübertragung an dem Sicherungsobjekt mit vereinbarter Verpflichtung zur Rückübertragung für den vorausgesetzten Fall (pactum fiduciae). Das Übertragungsgeschäft, die Manzipation oder in iure cessio enthielt nur einen Hinweis auf ihren fiduziarischen Charakter, wie er ja zumindest seit den Zwölftafeln in der nuncupatio Platz finden konnte, die nähere Vereinbarung war formloser Nebenabrede vorbehalten, die wegen ihrer Formlosigkeit als solche zunächst schutzlos war, wenn man nicht annehmen will, daß der Bruch der fides einen deliktischen Ersatzanspruch begründete, bis der Prätor eine eigene actio fiduciae gewährte. Für die frühe Klagbarkeit spricht nicht bloß der Umstand, daß die fiducia aus einem dringenden Verkehrsbedürfnis erwachsen ist, sondern auch der Hinweis in der mancipatio (in iure cessio): fidi fiduciae causa, der vermutlich die fiducia an der Solemnität des Formalaktes teilnehmen lassen sollte, und die von Cicero wiederholt erwähnte altertümliche Klagformel, die sich als Teil einer Legisaktion denken ließe. Auf die deliktische Natur dieser alten Klage deuten vielleicht noch der infamierende Charakter der späteren actio fiduciae und deren doch wohl anzunehmende Doppelformel (in factum und in ius) hin, deren eine wie in anderen Fällen noch den deliktischen Tatbestand, die andere bereits ein Vertragsverhältnis vorausgesetzt haben könnte.

In der Übertragung des Eigentums steckte von selbst das Recht, die Sache zu behalten oder zu veräußern, wenn sie nicht rechtzeitig eingelöst wurde. Die fiducia war mit anderen Worten wahrscheinlich schon ihrer Natur nach Verfallpfand. Lex commissoria und pactum distrahendi waren überflüssig. Wenn sie später auch mit der fiducia verbunden wurden, so ist darin vermutlich eine Rezeption dieser ihrem Inhalte nach auf die fiducia formell gar nicht passenden Vereinbarungen vom pignus her zu erblicken. Dagegen ist auch der Rückerwerb des Eigentums begünstigt, insofern der Erwerber, mag er wie immer, nur nicht mietweise oder prekaristisch, in den Wiederbesitz der Sache gelangt sein, durch einjährigen Besitz (usureceptio) volles Eigentum erwarb. Auf die verschiedenen Anwendungsformen der fiducia wird bei Betrachtung der einzelnen Schuldverhältnisse noch wiederholt zurückzukommen sein. Hier handelt es sich nur um die Erkenntnis, daß die fiducia, wie das nexum durch Selbstverpfändung, so durch Sachpfandsetzung Haftung zu begründen bestimmt war. Seit wann das möglich war, ist nicht mit Sicherheit festzustellen. Wie sie später stets an eine mancipatio nummo uno angeschlossen wurde, ist sie wohl schon anfänglich im Anschluß an diese entstanden. Denn ein wirklicher Kauf hätte dem Zwecke des Geschäftes stets widersprochen. Sollte doch das Eigentum dem fiduziarischen Erwerber endgültig verbleiben, falls die fiduziarisch versicherte Forderung nicht erfüllt würde, und war doch andererseits die Gegenleistung an den Übertragenden schon in der kreditierten Forderung ökonomisch gewährt.

Selbstverknechtung (nexum) und Pfandsetzung (fiducia) sind nun zwar die naheliegendsten und wirksamsten Formen der Sicherstellung. Aber auch sie versagen, wenn der Schuldner arbeitsunfähig und vermögenslos ist. Auch ist es nicht immer zweckmäßig und notwendig, den Schuldner sofort in sklavenähnliche Lage zu versetzen. An diesem Punkte setzte vermutlich das Institut der Bürgschaft ein. Diesen Zusammenhang deutet schon die etymologische Verwandtschaft des ältesten Bürgen, des vas (vadium, Pfand, wed, Wette) und praes (praevas? oder praevidens die fürsorgende Person wie praedium die fürsorgende Sache?) an. Der praes begegnet zuerst als praes litis ac vindiciarum im Sakramentsprozeß. Das ist zugleich der stärkste Beweis gegen die viel vertretene Ansicht, daß ein praes immer nur dem Staat oder einer autonomen Munizipalgemeinde gestellt wurde. Vielmehr besteht zwischen praes und vas wenigstens kein nachweislicher Unterschied. Als Paradigma der Stellung eines vas kann das vadimonium des Ladeverfahrens dienen.

Über den Inhalt der durch die Erklärung: praes (vas) sum begründeten Haftung des praes (vas) sind wir freilich nur auf Vermutungen angewiesen. Wahrscheinlich war es eine unvererbliche pfandartige Haftung, die den praes (vas) bei Nichterfüllung der Schuld zum Schuldknecht machte. Möglicherweise war das Verfahren wenigstens bei gerichtlicher Verbürgung exekutiv, der Anspruch ohne Urteil vollstreckbar. Jedenfalls haftete aber der praes (vas), wie die Darstellung bei Gajus zeigt, nicht wie der Bürge des späteren Rechtes neben dem Schuldner, sondern an Stelle des Schuldners. Nur der Bürge haftete. Der Schuldner haftete überhaupt nicht. Schuld und Haftung war damals zweierlei. Der Bürge war Geisel, Einständer, dessen Haftung so wenig wie im germanischen, griechischen und orientalischen Recht eine eigene Verbindlichkeit des Schuldners voraussetzte. Er war nicht akzessorischer oder solidarischer Schuldner. Er war überhaupt nicht Schuldner. Er übernahm aber die Haftung. Der Gläubiger hatte keine Forderung gegen ihn, konnte sich aber an ihn und nur an ihn halten, wenn der Schuldner nicht erfüllte. Darum mußte der Schuldner umgekehrt, wollte oder sollte er selbst allein oder zusammen mit einem Bürgen haften, sich selbst als praes (vas) bezeichnen, als sein eigener Bürge (ipse praes) eintreten. Ob Bürgenstellung oder Selbstverbürgung Platz griff, hing wohl von der Lage des Falles ab. Älter wird die Bürgenstellung gewesen sein, erwachsen aus der Mithaftung der Familiengenossen für das von einem begangene Delikt, das die ganze Familie der Blutrache aussetzte.

Gegenüber der Selbstverknechtung durch nexum bot die Bürgenstellung den Vorzug, daß sie den Betroffenen vermutlich zunächst auch nicht seiner faktischen Freiheit beraubte, ihm die Möglichkeit gewährte, selbst für Schulderfüllung zu sorgen. Jedenfalls überwiegt aber auch in der Bürgschaft die Vorstellung der Trennung von Schuld und Haftung. Erst auf dem Umweg über die Bürgschaft, erst durch die grundsätzliche Verschmelzung von Schuld und Haftung entstand die dem späteren Rechte selbstverständliche Haftung des Schuldners aus dem Schuldverhältnisse. Diese Verschmelzung vollzog sich in der sponsio.

Unter dem Banne der Vorstellung, die alles Recht auf sakralen Ursprung zurückführen wollte, glaubte man lang und allgemein auch der sponsio sakralen Charakter zuschreiben zu sollen, zumal die Etymologie (spondere, σπένδειν) auf den Zusammenhang mit einem religiösen Trankopfer hinzuweisen schien. Doch auch diese Legende wurde jüngst gründlich zerstört. Schon die Etymologie ist unsicher. Zumindest fehlt es nicht an anderen, vielleicht nicht weniger glaubhaften etymologischen Versuchen (spondere-spons-sponte; spondere-spond-spend-pend-pendere (aes et libra!) ἀλώπηξ!!). Mag aber selbst einmal mit der sponsio ein Trankopfer verbunden gewesen sein, so war das doch wohl nur äußeres Beiwerk, aus dem für Zweck und Inhalt des Institutes nichts zu gewinnen ist. Wenig glaubhaft ist auch die Annahme, daß die sponsio aus einem Eide hervorgegangen sei. Denn der Eid greift bei den Römern nur Platz, wo eine rechtliche Verpflichtung nicht möglich ist. Obligatorisch wirksame Eide sind dem römischen Rechte fremd. Wie vielmehr in historischer Zeit Eid und sponsio nebeneinander stehen, wird es wohl von jeher gewesen sein. Gegen den religiösen Charakter der sponsio spricht aber vor allem der Umstand, daß sie den Peregrinen nicht verpflichtet, daß die Worte dari spondes, spondeo, nur im Mund eines römischen Bürgers wirksam sind, während das Gelöbnis bei den Göttern auch den Fremden bindet.

Verlegt man daher den Ausgangspunkt der sponsio ins weltliche Recht, so springt ihr innerer Zusammenhang mit der praes- und vas-Stellung deutlich in die Augen. Am lehrreichsten ist in dieser Hinsicht die Terminologie. Sponsor bezeichnet in der historischen Zeit ausnahmslos oder doch fast ausnahmslos nicht den Sponsionsschuldner, sondern den Bürgen. Das ist nur verständlich, wenn es einmal eine Zeit gegeben hat, in der das spondere bloß Sache des Bürgen war. Dazu kommt, daß das, wie sein Name sagt, ursprünglich von vades geleistete vadimonium in klassischer Zeit durch sponsio erfolgt. Auch das spricht für die Gleichstellung von vas und sponsor.' Ein letztes Analogon bietet die Form. Wie für die sponsio die korrespondierende Frage und Antwort charakteristisch ist, so erfolgte auch die Stellung des praes in der Form: praes es-praes sum. Diese Analogie wird auch nicht dadurch gestört, daß die vermögensrechtliche sponsio vielleicht mit dem familienrechtlichen Verlöbnis zusammenhängt, das denselben Namen führt. Denn auch für das Verlöbnis ist wenigstens im germanischen und griechischen Recht, welch letzteres gar für Verlöbnis und Bürgschaft dieselbe Bezeichnung hat (ἐγγύη, ἐγγύησις), Vadiation bezeugt. Wenn daher in klassischer Zeit der Hauptschuldner spondiert, so tut er nun, was ursprünglich nur der Bürge tat. Er ist Selbstbürge geworden. Auch die sponsio war anfänglich Haftungsgeschäft. Erst dadurch, daß der Schuldner sich selbst als Bürge stellte, selbst die Haftung übernahm, also mit dem Schuldversprechen regelmäßig zugleich die Haftung übernahm, entstand das Schuld und Haftung vereinigende Rechtsgeschäft.

Scheint demnach die innere Entwicklung der sponsio aus praes- oder vas-Stellung wahrscheinlich, so erübrigt nur noch die Frage, wann, warum und wieso sich dieser Übergang vom praes und vas zum sponsor vollzog. Die Antwort kann freilich nur wiederum eine Vermutung sein. Was die Zeit anbelangt, so ist jedenfalls sicher, daß die Zwölftafeln die sponsio nicht erwähnen, fraglich schon, ob sie sie deshalb auch nicht kannten. Sollte sie in der Tat jünger sein, so würde das die Vermutung ihres prozessualen Ursprunges unterstützen. Als „urzeitliche“ Erscheinung wäre sie eher an den außergerichtlichen Bußgeldvergleich anzuknüpfen, wie ja auch für das germanische Recht die innere Wahrscheinlichkeit dagegen spricht, daß die Bürgenstellung als prozessuales Institut entstanden und erst später in den außergerichtlichen Verkehr übergegangen sei. Freilich scheint gerade der prozessuale Ursprung die Beschränkung der sponsio auf den Bürgerkreis am besten zu erklären, da vornehmlich der Prozeß die ausschließliche Domäne der Bürger bildete. Auch ist im Prozeß Bürgenstellung schon für die ältesten Prozeßformen in großem Umfang erkennbar. Der Übergang mag sich daher im Zusammenhang mit dem Verschwinden der Exekutivkraft bei praes- und vas-Stellung vollzogen haben, ohne daß freilich zu erklären wäre, warum der Bürge nun gerade sponsor und nicht anders hieß. Vielleicht weil der Akt mit einem Trankopfer verbunden wurde, wenn man spondere mit σπένδειν zusammenstellen will? Oder gar, weil er sich per aes et libram verpflichtete, wenn man an die Verwandtschaft von spondere und pendere glauben will, womit einerseits ein sehr erfreulicher Zusammenhang zwischen sponsio und nexum hergestellt, aber auch der lebhafte Widerspruch wieder entfacht wäre, den eine ähnliche, von anderem Ausgangspunkt aus gewonnene Vermutung Savignys hervorgerufen hatte? Am Ende aber einfach deshalb, weil vielleicht schon vas und praes ihre Haftung mit dem Schlagworte spondere gelobt hatten und spondere allmählich die allgemeine Bedeutung von (Haftung) versprechen angenommen hatte.

Nexum, fiducia und sponsio sind Haftungsgeschäfte, die als solche ein Schuldverhältnis voraussetzen, zu einem solchen hinzutreten, wodurch zugleich die abstrakte, auf keinen bestimmten Schuldgrund abzielende Gestalt der sponsio ihre natürlichste Erklärung findet. Dieser Haftungsgrund, das Schuldverhältnis, kann sehr verschiedenartig sein. Immerhin lassen sich von Anfang an zwei — die Drei- oder Viergliederung ist erst späten Ursprunges — Gruppen auseinanderhalten: Delikt und Kontrakt, unerlaubte Handlung und Rechtsgeschäft.

Die unerlaubten Handlungen (delicta), aus denen Schuldverhältnisse entspringen, sind die sogenannten Privatdelikte im Gegensatze zu den öffentlichen Delikten, die als Bruch des öffentlichen Friedens strafrechtlicher Ahndung durch den Staat unterliegen. Ursprünglich gewährt jedes Delikt dem Verletzten ein Recht auf Rache (Blutrache, Privatrache), nachdem sich der Brauch, die Rache durch Buße abzulösen, allmählich eingebürgert hatte, nur mehr ein Recht auf Buße, soweit der Staat nicht auch dieses durch seine Strafgewalt verdrängte, das private durch das öffentliche Strafrecht ersetzte. Die einzelnen Phasen dieser gemeinmenschlichen Entwicklung haben auch in der Geschichte des römischen Rechtes ihre Spuren zurückgelassen, das damnum pro fure decidere, den Vergleich auf das Bußgeld beim Diebstahl, der in den Zwölftafeln beim furtum manifestum noch in das Belieben des Bestohlenen gestellt, beim furtum nec manifestum dagegen schon obligatorisch ist, den Ausschluß solcher Ansprüche zwischen Angehörigen desselben Hauses, zwischen denen Rache undenkbar, nur das Machtwort des Familienhauptes entscheidend ist, und manches andere, was zu erwähnen noch Gelegenheit sein wird.

Die drei bedeutsamsten Privatdeliktstypen dieser Zeit sind iniuria, furtum und damnum (iniuria datum). Die iniuria, später ein umfangreicher, über die heutige „Beleidigung" weit hinausgehender Begriff, umfaßt noch in den Zwölftafeln nur gewisse, erschöpfend aufgezählte Angriffe auf die Person (membrum ruptum, os fractum, iniuria im engeren Sinne: leichte Körperverletzung?). Die Buße, die bei membrum ruptum noch dem Verletzten neben der Rache bloß zur Wahl gestellt ist, ist für die übrigen Fälle tarifiert.

Furtum ist Diebstahl im weitesten Sinne, wie schon die Etymologie (ferre) lehrt, jede Wegtragung, jede widerrechtliche (invito domino) Eigentumsaneignung (contrectatio), mit Gewalt, also auch den Raub umfassend, (furtum manifestum) oder heimlich (furtum nec manifestum), nicht bloß Wegnahme, sondern auch Vorenthaltung, Unterschlagung, Veruntreuung, doch anscheinend stets nur an beweglichen Sachen — eine letzte Erinnerung an die ursprüngliche Beschränkung des Privateigentums auf die Fahrhabe. Die Sonderformen des furtum usus und possessionis scheinen erst in einer späteren Zeit zur Ausbildung gelangt zu sein.

Das furtum nec manifestum wurde nach den Zwölftafeln bereits mit einem festen Wergeld, mit dem doppelten Werte des verursachten Schadens, bis dahin entweder durch Rache oder vielleicht auch noch gar nicht gesühnt. Das furtum manifestum, die handhafte Tat, macht den Dieb, sofern er nicht auf frischer Tat getötet wird, zum addictus des Bestohlenen. Er wird ihm als Sklave, vielleicht auch nur als iudicatus — Zweifel darüber schon bei den späteren Römern selbst — zugesprochen, unbeschadet des Rechtes des Bestohlenen, sich auch in diesem Falle mit einem Wergelde zufrieden zu geben, das erst der Prätor mit dem Vierfachen des Wertes fixierte.

Als furtum manifestum galt der Diebstahl ursprünglich wohl nur, wenn der Dieb auf frischer Tat ertappt wurde, später auch noch dann, wenn er mit der gestohlenen Sache vor ihrer Bergung betreten oder wenn die Sache durch Spurfolge (feierliche Haussuchung lance licioque) bei ihm vorgefunden oder die Haussuchung verhindert wurde. Noch nicht Zwölftafelrecht, aber doch wohl schon vorprätorischen Ursprunges sind ferner das furtum conceptum und oblatum, die Haftung des Besitzers, bei dem die Sache testibus praesentibus gesucht und gefunden wurde, und dessen Regreßrecht gegen seinen Vormann auf das Dreifache.

Von jeher stand es endlich wohl dem Bestohlenen frei, unbeschadet seines Strafanspruches auch das gestohlene Gut selbst zurückzufordern. Dazu diente die Vindikation, die ja vermutlich von diesem Fall ihren Ausgang nahm. Die demselben Zwecke dienende condictio furtiva wird man dagegen wie die condictiones (legis actio per condictionem) überhaupt erst einer späteren Periode zuweisen dürfen.

Das damnum iniuria datum, die widerrechtliche Sachbeschädigung, ist selbständiger Tatbestand erst seit der lex Aquilia. Bis dahin fällt es teils in den Rahmen der iniuria, teils in den des furtum, teils unter Sonderbestimmungen der

Zwölftafeln. Das Datum des Gesetzes läßt sich freilich nur durch die Zwölftafeln einerseits und durch den Beginn des siebenten Jahrhunderts der Stadt andererseits abgrenzen und ist eher der zweiten als der ersten Hälfte dieses Zeitraumes zuzuweisen. Diese lex Aquilia, ein Plebiszit mit Gesetzeskraft, eine lex per saturam in drei Kapiteln, deren zweites eine in anderem Zusammenhange zu berührende Frage, die Haftung des adstipulator, behandelt, normiert die Haftung für Sachbeschädigung, damnum iniuria, und zwar corpore corpori (durch unmittelbare, äußere Einwirkung) datum, dem Eigentümer der Sache und nur ihm gegenüber, doch nicht etwa allgemein, sondern wiederum nur für bestimmte Tatbestände, für die Tötung von Sklaven oder animalia quae pecudum numero sunt mit dem Höchstwert im letzten Jahre vor dem Delikt (erstes Kapitel) und für die Verletzung dieser sowie für die Vernichtung oder Beschädigung anderer körperlicher Sachen mit dem Höchstwerte des letzten Monates vor dem Delikt (drittes Kapitel). Der Anspruch ist zugleich der einzige, der aus diesem Tatbestand entspringt. Die Klage ist „Straf"- und „Sach"klage zugleich, die kraft ausdrücklicher Bestimmung gegen den Leugnenden auf das Doppelte geht.

Iniuria, furtum und damnum sind widerrechtliche Handlungen, weil sie der Rechtsordnung widersprechende Eingriffe in eine fremde Rechtssphäre darstellen. Nicht notwendig war wohl nach römischem Rechte so wenig wie nach anderen Urrechten von Haus aus das Bewußtsein der Widerrechtlichkeit, der animus iniuriandi oder fraudandi auf Seite des Täters. Seine Haftung war in jedem Falle dieselbe. Nur Erfolg und Kausalität, nicht auch Zurechnung waren vorausgesetzt. Doch ist diese ältere Auffassung da, wo unsere Kunde beginnt, im Zwölftafelgesetzbuche, zwar noch nicht ganz geschwunden, aber schon im Schwinden begriffen. Wenigstens scheint hier bereits bei Körper- und Sachbeschädigung fehlendes Verschulden auch die Verantwortung auszuschließen. Vollends die lex Aquilia setzt schon unbedingt Verschulden voraus. Aber auch dieser Begriff ist zunächst rein äußerlich gefaßt. Nur positives, nicht auch negatives Verschulden, nur die Begehungs-, nicht auch die Unterlassungshandlung macht haftbar. Die Haftung trifft den Täter, mag er frei oder unfrei, handlungsfähig oder -unfähig, sui oder alieni iuris sein, darum bei einer Mehrheit von Tätern, weil sich die Rache gegen jeden richtet, jeden für die ganze Buße, und weil sich die Rache gegen die physische Person kehrt, anders als bei rechtsgeschäftlicher Haftung, gegen den Täter auch noch, nachdem er durch capitis deminutio eine andere rechtliche Person geworden ist. Nur wird freilich der Anspruch gegen den Gewaltunterworfenen aus schon erörterten Gründen insofern auf den Gewalthaber abgelenkt, als dieser die Wahl hat, statt den Haftenden der Rache auszuliefern, die Haftung für ihn zu übernehmen, wie schon die Zwölftafeln für den Tierschaden (actio de pauperie) und für das furtum nec manifestum — beim furtum manifestum scheint damals die Auslieferung noch unabwendbar gewesen zu sein —, die lex Aquilia für das damnum bestimmten.

Jedenfalls begründete aber das Delikt nicht bloß Schuld, sondern kraft der dadurch bedingten Straffälligkeit auch Haftung, die nicht erst durch besonderes Haftungsgeschäft übernommen werden mußte. Wenn das Haftungsgeschäft, namentlich die sponsio, vermutlich trotzdem von der Bußschuld den Ausgang genommen hat, so ist der Grund nicht der, daß dadurch Haftung erst begründet werden mußte, sondern der, daß die anfänglich allein herrschende Verknechtung durch eine andere mildere Form ersetzt werden sollte.

Nicht bloß die Haftung geht aber vom Delikt aus. Auch der Schuldvertrag ist vermutlich nichts anderes als eine allmähliche Umbildung des deliktischen Tatbestandes. Schon der Umstand, daß sich noch im späteren Rechte neben einzelnen Vertragsklagen eine ältere (Delikts-) Klage aus demselben Tatbestand erhalten hat, könnte das beweisen. Den natürlichen Anknüpfungspunkt bildet die Rechtswidrigkeit, die nicht bloß für das Delikt bedeutsam ist, sondern auch bei Eingehung und Erfüllung von Verträgen in Frage kommt.

Auch in dieser Hinsicht gilt es, sakrale Vorstellungen durch die nüchterne Wirklichkeit zu verdrängen. Auch ohne Anrufung der Göttin Fides ist es vielleicht möglich, ein anschauliches Bild dessen zu gewinnen, was vermutlich einmal war. Rechtswidrigkeit ist der Rechtsordnung widersprechendes Verhalten. Haftbar macht Rechtswidrigkeit in historischer Zeit regelmäßig nur, wenn sie schuldhaft ist. Schuldhaft kann nach der Vorstellung der älteren Zeit nur eine Begehenshandlung sein. Aber auch sie nicht schon als Fahrlässigkeit (culpa) — wenigstens scheint dieser Begriff den Zwölftafeln noch fremd zu sein —, sondern nur als bewußte Rechtswidrigkeit, als dolus, womit freilich nicht bloß die Arglist, die „Verletzung konkreter Gesetze", sondern jedes dem Grundsatz von Treu und Glauben, der fides widersprechende Verhalten gemeint war. Wer daher seine fides verpflichtet hatte (fidem obligare, fidem dare), wer einen anderen dadurch veranlaßt hatte, sein Vertrauen auf ihn zu setzen (credere), machte sich einer Rechtswidrigkeit schuldig, wenn er wider die fides verstieß, si sciens fallit. Rechtswidrigkeit aber forderte Sühne, begründete Haftung.

Bruch der Fides und als dessen Folge deliktische Haftung ist vermutlich der Gesichtspunkt, unter dem vor allem die späteren Realkontrakte damals rechtliche Geltung erlangten. Wem eine Sache zur Verwahrung übergeben ist, der haftet nach Treu und Glauben für unversehrte Rückgabe. „Empfangshaftung" für Versprechensschuld auf Grund des

Empfanges von vermögenswertem Entgelt für das Versprechen auch ohne formales Haftungsgeschäft ist eine durch die Rechtsvergleichung allseits bestätigte Erscheinung. Sie ist wohl auch als Grundlage der römischen Realkontrakte anzunehmen.

Unter der Alleinherrschaft des Formalismus im älteren Rechte konnte rechtswirksame Zuzählung eines Darlehens nur durch Libralakt geschehen. Diese „Zuzählung per aes et libram" erklärt zur Genüge die Bezeichnung der Darlehensvaluta als nexum aes, pecunia nuncupata. Sie ist nichts anderes als das Widerspiel der Gaianischen imaginaria solutio per aes et libram, si quid eo nomine debeatur, quod per aes et libram gestum sit, seitdem infolge Aufkommens des gemünzten Geldes die wirkliche Zuzählung aus dem Milieu des Formalaktes ebenso herausfiel wie die Zuzählung des Kaufpreises aus dem Manzipationskauf. Das Geschäft ist trotzdem Formalakt. Das hindert natürlich nicht, daß neben dem formellen von jeher das formlose Darlehen stand wie neben Manzipation und Injurezessio die Tradition. Nur wird man dem einen so wenig zivilrechtliche Wirkung — Klagbarkeit, Vollstreckbarkeit — zuschreiben dürfen wie der anderen. Wenn man sich namentlich für die frühe Klagbarkeit des formlosen Darlehens auf die Möglichkeit der condictio sine causa kraft der lex Silia und Calpurnia und auf die Repetundengesetze beruft, so ist zu bemerken, daß die Repetundenklage doch wohl Deliktsklage war und daß die ungerechtfertigte Bereicherung als Grundlage der lex Silia und Calpurnia nicht mehr als willkürliche Annahme ist, durch den Stand der Quellen in keiner Weise unterstützt wird. Der Widerspruch verliert überdies an Bedeutung, wenn man erwägt, daß in keinem Falle der „Darlehnsvertrag" an eine bestimmte Form gebunden erscheint, sondern bloß die Zuzählung der Darlehensvaluta per aes et libram erfolgen muß. Der Darlehensvertrag war wie die Schuldverträge überhaupt von jeher formlos. Eines Formalaktes bedurfte es nur, um Haftung zu begründen. Der Schuldvertrag war formlos, erzeugte aber keine Haftung. Die Haftungsgeschäfte, nexum, fiducia, sponsio, waren Formalakte. Darum mußte die Rückerstattungspflicht aus dem formlosen Darlehen durch formales Haftungsgeschäft gesichert werden. Daß sich namentlich der vermögenslose Schuldner nur durch nexum ein Darlehen verschaffen konnte, wurde bereits betont. Ebenso kam es sicherlich oft genug vor, daß sich der Gläubiger durch fiducia Deckung verschaffte. Durchaus denkbar wäre auch Sicherstellung durch sponsio. Nur ist es fraglich, ob das „formlose" Darlehen in der Zeit des ungemünzten Geldes, die doch wohl für die Scheidung von Schuld und Haftung allein in Betracht kommt, neben dem Libralgeschäft irgendwelche praktische Bedeutung hatte. Das Entscheidende ist jedenfalls, daß die formalen Haftungsgeschäfte nur zu dem formlosen Darlehen hinzutreten mußten. Dagegen begründete die formelle Zuzählung des Darlehens, verbunden mit dem Versprechen des Empfängers, seinerzeit dieselbe Summe, nicht idem, sondern tantundem zurückzustellen, aus dem Gesichtspunkte des Fidesbruches, der Empfangshaftung wohl an sich schon Haftung, einen erst durch sacramentum, dann durch condictio verfolgbaren Anspruch. Besondere Übernahme der Haftung durch nexum, fiducia oder sponsio bedurfte es hier nicht zur Begründung, nur allenfalls zur Verstärkung der schon durch den Empfang erzeugten deliktischen Haftung. Dieser Gesichtspunkt schlägt anscheinend noch später in dem Grundsatze durch, daß der Darlehensnehmer niemals verpflichtet sei, mehr zurückzugeben, als er empfangen habe, und daß der Empfang dem Eigentümer gegenüber haftbar mache, auch wenn ein anderer der Geber gewesen sein sollte. Ebendarum konnte eine Verpflichtung zur Zahlung von Zinsen für das Darlehen (fenus), die wohl von jeher üblich waren und deren Ausmaß schon in den Zwölftafeln bestimmt war (unciarium foenus, ein Zwölftel des Kapitals, seit 407 a. u. c. die Hälfte davon, semunciarium fenus, nur durch eine lex Genucia, 412 a. u. c., vorübergehend, aber anscheinend fruchtlos verboten), bloß durch besondere Vereinbarung, durch eine der libralen Spruchform angehängte Verzinsungsklausel oder, seitdem fiktive Zuwägungen vorkamen, vielleicht auch durch einen fiktiven Kapitalzuschlag sichergestellt werden.

Noch einleuchtender ist die für das Darlehen vertretene Auffassung der Empfangshaftung, wenn eine Sache zu Leihe (commodatum), Verwahrung (depositum) oder Pfand (pignus) anvertraut wurde. Die Form der Begründung war wohl in all diesen Fällen, wenn durch die Übertragung Rechtswirkungen hervorgerufen werden sollten, Eigentumsübertragung mit fiduziarischer Rückgabeverpflichtung.

Die fiduziarische Pfandsetzung (fiducia cum creditore) interessiert hier nicht mehr. Der spätere Realkontrakt des pignus, der durch bloße Besitzübertragung an der Pfandsache begründet wurde, konnte in dieser Zeit nur als provisorische Sicherstellung für kleine Schulden und in Erwartung nachfolgender anderer Sicherstellung eine rechtlich überdies bedeutungslose Rolle spielen. Denn der Besitz gewährte dem Pfandgläub'ger keinen Schutz. Er war dagegen der vindicatio, der actio furti und seit der lex Aquilia auch der actio damni iniuria dati ausgesetzt und vermochte dem Käufer des Pfandes kein Eigentum zu übertragen.

Aber auch für die übrigen Realkontrakte fehlten in dieser Zeit noch selbständig klagbare Vertragsformen. Namentlich wird man auch an dem Mangel eines selbständigen Verwahrungsvertrages trotz der eigentümlichen actio depositi in duplum festhalten müssen, die Paulus den Zwölftafeln zuzuschreiben scheint. Die hier ex causa depositi gewährte

Klage ist vermutlich nichts anderes als eine Klage wegen Unterschlagung von in der Not anvertrauten Sachen, eine Deliktsklage, ein Sonderfall der actio furti nec manifesti, in diesem Sinne vielleicht der Ausgangspunkt des späteren depositum miserabile. Als normale Vertragsklagen scheinen dagegen actio depositi und commodati selbst Cicero noch unbekannt gewesen zu sein. Um so mehr wird man für diese Zeit nur an fiduziarische Eigentumsübertragung denken können, an die fiducia cum amico, die in ihrer äußeren Gestalt und prozessualen Behandlung wohl das Schicksal der fiducia cum creditore geteilt haben dürfte, trotzdem aber, vermöge ihrer verschiedenen Zweckbestimmung als selbständige Rechtsfigur behandelt worden zu sein scheint, wie schon der Umstand beweist, daß die usureceptio hier ihre Wirkungen in jedem Fall ohne Ausnahme äußerte, während umgekehrt von einem Verfalls- oder Verkaufsrecht des Erwerbers doch wohl in keinem Falle die Rede gewesen sein kann. Der Bruch der also begründeten fides war es, der in diesen Fällen Haftung begründete.

Nicht viel anders als für die Realkontrakte lagen die Dinge vermutlich auch für die sogenannten Konsensualkontrakte des späteren Rechtes. Was die Konsensualkontrakte auszeichnet, ist neben ihrer Formlosigkeit die Berücksichtigung der bona fides, für die in der legis actio kein Raum war. Andererseits hat der Prätor gerade für Kauf, Miete, Mandat und Sozietät nie ein Edikt, sondern von jeher nur Formeln aufgestellt, was beweist, daß der Gedanke, nach Treu und Glauben zu klagen, schon der Legisaktionenzeit angehörte. Darauf vor allem stützt sich ja die Anschauung, daß es schon längst vor der lex Aebutia auch einen Bürgerprozeß außerhalb der legis actio gegeben habe. Damit verschwindet aber auch, worauf es hier ankommt, die Notwendigkeit, den Beginn der Klagbarkeit der Konsensualkontrakte allzu tief, etwa gar erst in das zweite vorchristliche Jahrhundert herabzusetzen oder zu der unzulänglichen, weil in manchen Punkten gänzlich versagenden Annahme zu greifen, daß die Frage nach der Klagbarkeit der Konsensualkontrakte von jener der Entwicklung der bona fides zu trennen sei, daß es Konsensualkontrakte vor Anerkennung der bona fides gegeben habe, daß aus den Konsensualkontrakten früher nach strengem Rechte geklagt worden sei. Immerhin bleibt, wenn auch durch die Verweisung der bona fides schon in die Legisaktionenzeit, schon in die Anfänge der prätorischen Zeit viel gewonnen ist, doch eine lange Zeit übrig, für die die Konsensualkontrakte noch gänzlich ausgeschaltet werden müssen. Und doch kann es kaum zweifelhaft sein, daß die Tatbestände dieser Verträge, Kreditkauf, Miete, Pacht, Auftrag und Gesellschaft schon damals eine Rolle gespielt haben müssen. In der Tat erwähnen schon die Zwölftafeln den Kreditkauf von Opfertieren, die Suspendierung des Eigentums bis zur Zahlung des Kaufpreises, die Miete von Zugtieren gegen Kredit. Die lex Aquilia hat in ihrem zweiten Kapitel einen Fall des Auftrages, das Inkassomandat, im Auge. Ebenso ist das consortium, die communio zwischen Miterben, die nach dem Tode des Gewalthabers fortgesetzte und als solche vererbliche Gütergemeinschaft der Kinder, vermutlich der Urfall der societas, gewiß schon dieser Zeit bekannt. Die Lösung des Widerspruches wird auch für diese Fälle darin zu finden sein, daß eben damals der Inhalt der späteren Konsensualkontrakte in eine andere Form gegossen war, daß nicht der Konsens und nur der Konsens, sondern ein anderer Umstand die und eine zum Teil noch anders geartete Haftung begründete.

Am deutlichsten läßt sich vielleicht die Entwicklung des Mandates erkennen. Als klagbarer Konsensualkontrakt ist es zweifellos jünger als die lex Aquilia, deren zweites Kapitel eine, wie Gajus ausdrücklich betont, eben durch die actio mandati überflüssig gewordene Klage gegen den treulosen

Adstipulator gewährt. Zuerst erwähnt ist die actio mandati bei Cicero. Sie kann daher nur erst in der Zeit zwischen lex Aquilia und Ciceros Tagen zur Entstehung gelangt sein. Als ursprünglicher Ersatz ließe sich die Einkleidung des Mandates in eine sponsio denken. Diese Annahme verbietet sich aber deshalb, weil sponsiones auf ein facere dem älteren Rechte durchaus fremd sind, weil das ältere Recht, wohl noch von der Zeit her, da die sponsio als Haftungsgeschäft naturgemäß nur die Ersatzleistung, ein dare zum Gegenstande haben konnte, bloß Sponsionen auf dare kennt. Vermutlich entstand vielmehr die längste Zeit gar kein Bedürfnis nach dem Mandat, weil die Aufgaben des Mandatars einem procurator, einem Verwalter anvertraut werden konnten, der als Gewaltunterworfener oder Klient des Auftraggebers dessen häuslicher Gerichtsbarkeit unterstand. In manchen Fällen, in denen es sich um die Gebarung mit einer bestimmten Sache handelte, konnte ferner das fiduziarische Geschäft gute Dienste leisten. Wie in diesem Falle, nahm man dann allmählich wohl in allen Fällen ein Delikt an, in denen sich ein Beauftragter eines Treubruches schuldig gemacht hatte. Man gewährte vermutlich aus dem Mandat einen Deliktsanspruch wegen Treubruchs. Auf diese deliktische Grundlage des späteren Mandatsvertrages weisen die jüngst erst noch für das klassische Recht erwiesene Beschränkung der Haftung des Mandatars auf dolus, der infamierende Charakter der actio mandati und das Erlöschen des Anspruches durch den Tod des Verpflichteten hin. Der spätere Konsensualkontrakt des Mandates war also in dieser Zeit durch procuratio und fiducia ersetzt, später als Delikt Haftung begründend, nahm erst relativ spät die Gestalt eines selbständigen Vertrages an.

Auf deliktischen Ursprung weist auch die actio pro socio hin. Auch sie begründet ursprünglich und vielleicht die längste

Zeit nur Haftung für dolus, die Klage ist noch später infamierend und das Verhältnis wird durch den Tod eines socius gelöst. Auch hier sind demnach alle Merkmale vereinigt, die auf deliktische Haftung wegen Treubruches als Urfall hinweisen. Um so wahrscheinlicher, wenn die Familiengenossenschaft, das consortium, den Ausgangspunkt gebildet haben sollte.

Für die ursprüngliche Klaglosigkeit der Miete als Kreditvertrag kann man sich darauf berufen, daß die Zwölftafeln zur Eintreibung des für Opferzwecke bestimmten Mietzinses pignoris capio gewähren, die nur als Ersatz für die fehlende Klage verständlich erscheint. Freilich konnte damit auch umgekehrt ein über die einfache Klagbarkeit hinausgehendes Privileg, Ausstattung der sonst bloß klagbaren Forderung mit Exekutivkraft gewährt sein. Vermutung steht wider Vermutung. Glaubt man Klagbarkeit des Kreditgeschäftes annehmen zu sollen, so wäre das Nächstliegende, wofür sich manches unterstützende Moment aus der Rechtsvergleichung gewinnen ließe, an einen Realkontrakt als Ausgangspunkt zu denken, anzunehmen, daß zwar nicht der bloße Konsens, aber die Leistung von einer Seite den Anspruch auf die Gegenleistung begründete. Wie die beim Empfang versprochene Rückerstattung Empfangshaftung aus dem Darlehen begründete, so könnte beim gegenseitigen Vertrag (Miete, Kauf) Erfüllung des einen Teiles den anderen kraft Empfanges der ihm geschuldeten Leistung für Halten und Erfüllen seines eigenen Versprechens haftbar gemacht haben. Diese Ansicht ist jedoch schon für das deutsche Recht nicht unangefochten geblieben. Für das römische Recht verbietet sie sich auch deshalb, weil jede Spur einer Andeutung dafür fehlt, daß die Realkontrakte jemals ein größeres Gebiet umfaßt hätten als im klassischen Recht, und weil die relativ späte und langsame Ausbildung der Realkontrakte des klassischen Rechtes unverständlich bliebe, wenn das Prinzip des

Realkontraktes schon längst im gegenseitigen Vertrag anerkannt gewesen wäre. Durchschlagend scheint aber vor allem die innere Verschiedenheit der beiden Vertragstypen zu sein, die darin liegt, daß den Realkontrakten Identität des hingegebenen und des zurückzugebenden Objektes wesentlich ist, während es sich dort um Austausch verschiedener Objekte handelt und das Kreditieren etwas rein Zufälliges und Freiwilliges ist. Gekünstelt und unglaubwürdig ist ferner auch die Zerreißung des zweiseitigen Vertragsverhältnisses in zwei getrennte, durch sponsio sichergestellte Ansprüche des strictum ius, zumal sie in vielen Fällen gar nicht durchführbar gewesen wäre. Denn sponsiones auf facere waren damals gar nicht möglich. Wenigstens fehlt die Formel sowohl für Sponsionen als auch für Legisaktionen auf facere. Ein facere hätte nur mittelbar durch stipulatio poenae auf dare erzielt werden können. Die vielfach beliebte Heranziehung des „Gemeindevermögensrechtes" als Vorbild der Kauf- und Mietverträge des bürgerlichen Rechtes endlich vermag bestenfalls nur die tatsächliche Ausgestaltung des Vertragsinhaltes (leges contractus), nicht aber die Anerkennung des Vertrages als rechtswirksame Verpflichtung des bürgerlichen Rechtes zu erklären.

Es erübrigt daher wohl nur die Annahme, daß in dieser Zeit zwar schon neben dem Bar- das Kreditgeschäft stand, daß Rechtswirkungen jedoch nicht schon durch die Vereinbarung, sondern erst durch die Leistung begründet wurden, wie ja noch im klassischen Recht der Mieter zur Leistung nur verpflichtet ist, soweit ihm das frui gewährt ist, daß aber auch nicht schon die Leistung des einen Teils den anderen für die Gegenleistung haftbar machte, sondern daß die Haftung erst durch besonderes Geschäft, regelmäßig wohl durch sponsio übernommen werden mußte. Wer ein Zugtier gegen Kredit in Miete gab, ließ sich bei der Übergabe den Zins durch sponsio oder sonstwie sicherstellen. Umgekehrt mußte, wer den Zins im Vorhinein zahlte, für die rechtzeitige Stellung des Tieres Sicherheit begehren. Weder der bloße Konsens noch die „res“ vermochte hier einen klagbaren Anspruch zu erzeugen.

An eine Unterscheidung zwischen Dienst- und Werkmiete, Sachmiete und Arbeitsmiete ist für diese Zeit wohl noch nicht zu denken. Die locatio operarum trat ursprünglich kaum in andrer Form denn als Miete von Sklaven und Haustieren auf, die als bewegliche Sachen galten. Die locatio conductio operis war damals anscheinend noch auf staatliche Verdingungen beschränkt und damit dem Einflusse des Privatrechtes überhaupt entzogen. Die Wohnungsmiete und Grundpacht endlich, die vielfach als Urtypus des Mietvertrages angesehen werden, sind vielleicht umgekehrt gerade für die ältere Zeit, wo jeder Bürger seine Hufe hatte und der Hausvater sein Feld selbst bestellte, das Vieh durch Hausgenossen und Klienten weiden ließ, abzulehnen. Zumindest verdient es Beachtung, daß die Zwölftafeln nur die Miete von Zug- und Lasttieren erwähnen. Die Überlassung des Gebrauches unbeweglicher Sachen, von Miethäusern und landwirtschaftlichen Grundstücken gegen Entgelt war in dieser Zeit vermutlich noch durch andere Geschäftsformen (precarium usw.) ersetzt.

Kaum anders als die Entwicklung der Miete ist auch die des Kaufes zu denken. Wie dort und aus denselben Gründen sind auch hier Realkontrakt und Doppelstipulation als Ausgangspunkte abzulehnen. Ebenso haltlos ist der Versuch, für den Kauf von jeher Wirksamkeit der formlosen Vereinbarung anzunehmen. Das widerspricht der allgemeinen Entwicklung des Vertragsrechtes und wird überdies dadurch widerlegt, daß die Terminologie des späteren Kaufes in der alten Rechtssprache Eigentumserwerbswirkungen, nicht obligatorische Rechtswirkungen ausdrückte (coemptio, familiae emptor, emptus esto usw.). Andererseits ist gerade der Kreditkauf schon für die Zwölftafeln außer Zweifel und durch die Überlieferung zugleich der Weg angedeutet, den sie wiesen. Der Kreditkauf behielt dem Verkäufer das Eigentum vor, bis er durch Zahlung oder Sicherstellung gedeckt war. Dagegen ist von keiner Klage des Verkäufers auf Zahlung des Preises die Rede. Er hatte daher anscheinend nur die Wahl, ob er seinen Anspruch auf Rückgabe der Sache (vindicatio) geltend machen oder Haftung für den Kaufpreis annehmen wollte. Anders ausgedrückt, auch hier ersetzte noch das besondere Haftungsgeschäft, die sponsio, die Klage aus dem Vertrage, die ja beim Genuskauf anscheinend allezeit durch den Sponsionsanspruch ersetzt blieb. Wenigstens scheinen die Quellen den Genuskauf als Erscheinungsform der emptio venditio überhaupt nicht zu kennen. Zumindest ist ihnen der Streit über das periculum beim Genuskauf und die Anwendung der ädilizischen Rechtsmittel auf Genussachen fremd. Nur darf man mit dem Gattungskauf nicht den Kauf von dem Maß und der Menge nach individuell bestimmten Sachen, den Mengenkauf (emptio ad mensuram), und den Kauf von Sachen aus einem bestimmten Kreise, wie den Kauf eines Pferdes aus dem Stalle des Verkäufers, verwechseln. In der älteren Zeit aber fehlen actio empti und actio venditi überhaupt noch. Noch gibt es keine Mängelhaftung. Nur die Manzipation als solche erzeugt die deliktische Währschaftspflicht des Verkäufers und Haftung für das richtige Ausmaß eines manzipierten Grundstückes (actio de modo agri). Auch sah man allmählich die actio auctoritatis, falls ein Grundstück uti optimus maximus manzipiert war, schon dann als begründet an, wenn nachträglich darauf lastende Dienstbarkeiten entdeckt wurden. Davon abgesehen, also überhaupt bei Käufen ohne Manzipation und bei Manzipationskäufen wegen anderer als der erwähnten Umstände, mußte Haftung für Mängel ausdrücklich bedungen werden: satisdatio oder repromissio secundum mancipium, Begründung der Gewährspflicht durch Bürgen oder Selbstverbürgung als Ersatz der auctoritas, später stipulatio habere licere zu demselben Zweck, aber vielleicht nicht bloß als Nebenabrede des Kaufes, sondern als Form des Kaufes selbst für res nec mancipi, die zugleich Haftung für den der Defension entsprechenden Rechtszustand begründete, schließlich stipulatio duplae (oder simplae), Übernahme der Haftung für den Fall erfolgreicher Entwährung. Noch gibt es auch kein periculum emptoris. Denn noch sind, mag der Preis kreditiert sein oder nicht, Übertragungsgeschäft (Manzipation) und Kauf eins, fallen Gefahr- und Eigentumsübergang zusammen. Denn der Eigentumsvorbehalt hindert auch den Gefahrübergang, weil dem Verkäufer in diesem Falle neben seiner Vindikation ein anderer Anspruch, eine Klage auf den Kaufpreis (actio venditi) gar nicht zusteht. Zugleich erklärt dieser ursprüngliche Zustand aufs beste die später auffallende Regel vom Gefahrübergang als historischen Rest dessen, was damals, wo Perfektion des Kaufes und Eigentumsübergang zusammenfielen, natürlich und selbstverständlich war.

Damit ist aber das Vertragssystem dieser Zeit, sofern überhaupt von einem solchen gesprochen werden kann, erschöpft. Der Literalkontrakt gehört zwar auch zu den zivilen Kontrakten des klassischen Rechts. Das früheste, übrigens unsichere Zeugnis dafür weist aber erst auf das Ende des sechsten Jahrhunderts der Stadt hin. Seine relativ späte Entstehung ist aus mehr als einem Grunde wahrscheinlich. Er paßt nicht in einfache wirtschaftliche Verhältnisse. Er setzt bereits einen ausgedehnten Gebrauch der Schrift und ein älteres Entwicklungsstadium voraus, in dem die Eintragung in die Hausbücher (codex, tabulae accepti et expensi) lediglich Beweismittel für eine auf andere Weise begründete Geldschuld war, Anerkennung einer bereits vorhandenen Verbindlichkeit, die erst allmählich konstitutive Bedeutung erlangte, als man dieser Form der Anerkennung unumstößliche Kraft beimaß.

Alles in allem ergibt sich demnach für diese Zeit ein sehr bescheidenes Bild des Rechtes der Schuldverhältnisse. Schuldgrund ist regelmäßig eine unerlaubte Handlung, ein Delikt. Als solches gilt schließlich auch der Treubruch (fides, fiducia). Schuld erzeugt aber noch nicht Haftung. Haftung wird nur durch die mit dem Delikt verbundene Straffälligkeit oder durch besondere Haftungsübernahme begründet. Noch fehlt also der einheitliche Begriff — nicht bloß der Name — des Schuld und Haftung zusammenfassenden Rechtsgeschäftes. Nexum bezeichnet teils in einem weiteren Sinne jedes Geschäft per aes et libram, teils in engerem Sinne das Haftungsgeschäft. Dagegen gibt es noch keine Vorstellung vom Vertrage. Contractus ist der Terminologie dieser Zeit wohl noch völlig fremd. Auch für negotium und pactum fehlt noch, wenn sie überhaupt schon dem Sprachschatze dieser Zeit zugerechnet werden dürfen, jedenfalls der fest umschriebene Inhalt. Hohen Alters sind als technische Bezeichnungen anscheinend nur actio (actus) und lex, das eine „ganz allgemein jeden auf Rechtsbegründung oder Rechtserhaltung abzielenden Akt", das andere zwar nicht bloß Zusätze des Vertrages, sondern den Vertrag selbst „sowohl als konkretes Übereinkommen wie auch als abstraktes Formular und Schema", indessen nicht jeden Vertrag, sondern regelmäßig nur Miete und Kauf bezeichnend.

Das Haftungsgeschäft ist Formalakt. Wesentlich ist vor allem das gesprochene Wort, das an bestimmte Formeln und an den Gebrauch der lateinischen Sprache gebunden ist. So wesentlich, daß das vorgeschriebene Wort kraft seiner Form, unabhängig vom Willen des Handelnden, ja sogar im Widerspruche damit die ihm zukommende Wirkung äußert. Darum rechtliche Wirkung des mit Vollwort des Tutors gesprochenen

Wortes des willensunfähigen Kindes, des durch List oder Furcht abgerungenen Wortes, dem erst der Prätor entgegentritt. Darum Wirkungslosigkeit formloser Nebenabreden, Unmöglichkeit der Stellvertretung, Unverantwortlichkeit für nicht ausdrücklich zugesichertes Verhalten, mit einem Wort Auslegung der Willenserklärung nach strengem Rechte, nach dem Wortlaute der Erklärung, nicht nach dem Willen des Erklärenden. Diese überwiegende Bedeutung des Wortes führte andererseits dazu, daß auch das Wort ohne begleitenden Realakt, namentlich der Libralakt auch ohne effektive Hingabe, die Wirkung der vollkommenen Realform erzeugte. Darum konnte z. B. jeder Korreal-(Gesamt-)Gläubiger die gemeinschaftliche Forderung erlassen, weil „der Begleitspruch der Zahlung selbständig befreiende Kraft" hatte. Das ist der Standpunkt der lex Aquilia. Er läßt zugleich die Korrealobligation wenigstens für das ältere Recht. für den Formalakt als Einheit erscheinen.

Nicht notwendig ist — man denke an die Manzipation — zweiseitige Rede. Freilich ist das Manzipationsformular vielleicht nur unvollkommen überliefert. Doch muß auch die stillschweigende Mitwirkung — es sei an die in iure cessio erinnert — „formalisiertes Mithandeln" sein. Andererseits ist die zweiseitige Rede, wo sie statthat, ursprünglich wohl immer Konsonanz von Rede und Gegenrede. Doch hat dieser Grundsatz kaum so weit gereicht, daß Aufhebung und Begründung eines Rechtsverhältnisses in derselben Form erfolgen mußten. Sicherlich war die Lösung des Haftungsverhältnisses gleich der Begründung nur als Formalakt wirksam. „Neben dem reell Geschehenden" mußte auch hier „eine förmliche Verlautbarung dieses Geschehens" stattfinden. Darum war wohl von jeher schon Befreiung durch Formalakt ohne reelle Leistung (Erlaß), wenn auch vielleicht ursprünglich nur in Verbindung mit einer Scheinzahlung, möglich, jedenfalls aber die reelle Leistung nur in Begleitung des Formalaktes befreiend. Wahrscheinlich konnte jedoch seit dem Auftreten der acceptilatio, des Widerspieles der sponsio (quod ego tibi promisi habesne acceptum? habeo), die zumindest schon der lex Aquilia bekannt war, eine durch Libralakt begründete Verbindlichkeit ebensogut durch Akzeptilation getilgt werden, wie umgekehrt eine Stipulationsschuld durch solutio per aes et libram.

Nicht notwendig ist in allen Fällen Zuziehung von Zeugen. Wo sie aber stattfindet — und das ist gerade bei den ältesten Geschäften, bei den Libralakten und im Prozeß namentlich bei der Litiskontestation der Fall —, müssen die Zeugen testes rogati, zur Zeugenschaft ausdrücklich geladen und mündig sein sowie das für das Geschäft erforderliche commercium besitzen. Ihre Aufgabe ist Beglaubigung nicht bloß des Rechtsaktes für den eventuellen Streitfall, für Spurfolge und Anfang, sondern schon der Verfügungsgewalt des Veräußerers. Darum vielleicht die Zuziehung des Rechtsvorgängers als Zeugen.

Regelmäßig soll das Geschäft endlich ohne Unterbrechung, in einem Zuge vollendet werden: unitas actus, Einheit des Aktes, womit zugleich Einheit der Zeit und des Raumes geboten ist. Kein Rechtsgeschäft unter Abwesenden. Kein Nachtrag zum Rechtsgeschäfte. Keine nachträgliche Modifikation des Rechtsgeschäftes. Darum entscheidet über die Existenz des Rechtsgeschäftes die Zeit des Abschlusses. Darum kann, was von Haus aus ungültig ist, nicht nachträglich gültig werden. Solche Auffassung vereinfacht die rechtliche Beurteilung des einzelnen Geschäftes, erhöht die Rechtssicherheit, entspricht und genügt daher den einfachen Verhältnissen der Urzeit. Sehr bald muß sich jedoch das entgegengesetzte Bedürfnis geltend machen, einerseits Zweifel über die Rechtswirkung eines Geschäftes zu beseitigen, schwankende Zustände zu befestigen, andererseits Vorsorge für die Zukunft zu treffen, die rechtliche Beherrschung der Zukunft zu ermöglichen. Jenem Bedürfnisse dient die Ersitzung, diesem Befristung und Bedingung. Befristung, wo die Rechtswirkung lediglich hinausgeschoben werden soll, Bedingung, wo die Verfügung über die Zukunft noch von künftigen Verhältnissen abhängt.

Die Bedingung, condicio, begegnet schon in den Zwölftafeln, in Gestalt der bedingten Freilassung von Todes wegen. Sie stellt vielleicht den ältesten Fall des bedingten Rechtsgeschäftes dar. Denn einerseits dulden gerade die älteren Rechtsgeschäfte des bürgerlichen Rechtes — Papinian bezeichnet sie in seiner bekannten Aufzählung der bedingungsfeindlichen Rechtsgeschäfte nicht ganz unanfechtbar als actus legitimi —, wie mancipatio, in iure cessio (darum auch manumissio vindicta), acceptilatio und cretio (der Erbschaftserwerb) u. a. m., Bedingungen nicht, weil sie dem Grundsatze der unitas actus widersprechen. Andererseits ist gerade die letztwillige Verfügung auf die Verknüpfung ihrer Bestimmungen mit zukünftigen ungewissen Umständen angewiesen. Daß die Bedingung aber auch dem Geschäft unter Lebenden nicht allzulange fremd blieb, beweist die sponsio, die als Prozeßwette (sponsio poenalis und praeiudicialis) jedenfalls bedingbar sein mußte.

Die Bedingung schiebt die Rechtswirkung hinaus (Suspensivbedingung) oder hebt die eingetretene Rechtswirkung wieder auf (Resolutivbedingung). Die Annahme, daß die Resolutivbedingung ursprünglich als suspensive (Verbindung eines unbedingten Hauptgeschäftes mit einem suspensiv bedingten Nebengeschäft entgegengesetzten Inhaltes) behandelt wurde, ist zwar wohl in dieser Allgemeinheit unrichtig. Aber die Resolutivbedingung ist vermutlich jüngeren Datums, vielleicht erst in Gestalt der in diem addictio von den öffentlichen Versteigerungen der Staatsverwaltung, wo die Kassierung des ersten Zuschlages, falls eine binnen bestimmter Frist vorgenommene Wiederversteigerung ein besseres Ergebnis zeitigte, von jeher geläufig gewesen zu sein scheint, in das Privatrecht eingedrungen.

Die Wirkung der Suspensivbedingung — die Resolutivbedingung kann füglich für diese Zeit außer Ansatz bleiben —, wie sie schon in dem durch die Zwölftafeln geregelten Falle zutage tritt, ist Eintritt der beabsichtigten Rechtsänderung mit Entscheidung der Bedingung (existente condicione), also freie Verfügungsfähigkeit des bedingt Belasteten während des Schwebezustandes (pendente condicione), beschränkt nur insofern, als er die Wirkung der erfüllten Bedingung nicht ausschließen oder beschränken darf. Der statu liber wird mit anderen Worten trotz Veräußerung durch den Erben pendente condicione (und vielleicht auch von jeher trotz Entziehung des peculium durch den Erben, wodurch ihm die Möglichkeit entzogen ist, die Bedingung, Zahlung des Lösegeldes, zu erfüllen, so daß auch schon die Fiktion der Erfüllung zum ältesten Rechtsbestande zu zählen wäre) frei, wenn er das testamentarisch festgesetzte Lösegeld an seinen neuen Herrn zahlt. Die Verfügungen des bisher Berechtigten werden mit Eintritt der Bedingung kassiert, doch ohne Rückwirkung. Sie werden aufgehoben, nicht als ungeschehen behandelt. Eine allfällige Ersitzung des Erwerbers beginnt erst jetzt. Die Voraussetzungen der Gültigkeit des Geschäftes werden erst nach dem Zeitpunkte des Eintrittes der Bedingung beurteilt.

Noch zaghafter ist das Auftreten der Befristung im älteren Recht. Endtermine (dies ad quem) sind nach Zivilrecht durchaus unwirksam, weil, was jemandem gebührt, ihm notwendig immer gebühre. Darum findet dieser Grundsatz keine Anwendung, wo diese Überlegung versagt, wo die Zeit lediglich als Maß des Rechtes erscheint, wie z. B. bei der Zusicherung eines Rentenbezuges auf bestimmte Zeit. Ein Anfangstermin (dies a quo) war zwar grundsätzlich zulässig. Doch waren dieselben Geschäfte, die keine aufschiebende Bedingung gestatteten, auch dem Anfangstermine verschlossen. Dazu kam noch die Erbeinsetzung. Endlich war es stets unzulässig, eine Leistung auf den Tod des Gläubigers abzustellen, so daß sie erst dem Erben zugute käme. Alles in allem hat man sich daher die Bedeutung des dies für das ältere Recht als sehr gering zu denken.

Viertes Kapitel: Der Erbgang.

Der Rechtskreis, der durch die Persönlichkeit des pater familias zusammengehalten wird, ist zersprengt, wenn dieser pater familias stirbt. Das römische Recht ist jedoch, soweit sich seine Spuren zurückverfolgen lassen, über den Urzustand, der dem Besitzenden seinen Besitz ins Grab nachfolgen läßt, der mit dem Tode die Persönlichkeit vollständig vernichtet, längst hinaus. Die Persönlichkeit stirbt. Aber sie wirkt über das Grab hinaus. Sie setzt sich im Erbrecht fort. Hier vor allem ist man geneigt, Recht und Religion zusammenfließen, das Erbrecht aus dem Totenkultus hervorgehen zu lassen. Kein Familienkultus ohne Familienvermögen. Darum Übertragung der Kultpflicht durch Zuwendung der Vermögensrechte. Wenn nun auch der Einfluß religiöser Ideen auf das Erbrecht nicht zu leugnen ist, so ist doch auch hier vor Übertreibungen zu warnen, zumal Sakralpflicht und Seelenglaube nicht älter als der Familienverband, also gleichzeitig mit dem Erbrecht der Kinder, nicht vorher und als ihr Grund entstanden sind. Die Scheidung des sakralen und des vermögensrechtlichen Kreises hat gerade im Gräberrecht anscheinend von jeher vorgeherrscht. Nicht die Sakralpflicht bestimmte das Erbrecht, sondern das Pontifikalrecht ließ die Sakralpflicht dem Erbrecht folgen, als die testamentarische Erbfolge sie davon zu trennen drohte.

Nicht die sacra hereditaria sind also die Wurzel des römischen Erbrechtes, sondern „die transzendente Vorstellung der Unsterblichkeit des Individuums in seinem Samen", die Idee „des engsten persönlichen Familiennexus zwischen Eltern und Kindern". Sie äußert sich unter anderem auch in der sakralen Verpflichtung, die sich an das Kindesverhältnis knüpft. Die sacra privata, denen die sacra gentilica als künstliche Einrichtung der sich korporativ zusammenschließenden Adelsverbände vermutlich erst nachgebildet sind, gehen vom Vater auf den Sohn, vom Sohn auf den Enkel über. Ganz ebenso begründen Gastfreundschaft (hospitium) und Patronat kein bloß persönliches Verhältnis, sondern gelten — das Patronat wenigstens auf Seite des Patrons — auch für Sohn und Enkel. Nicht minder war wohl die Blutrache Familienangelegenheit. Vielleicht richtete sich sogar einmal die staatliche Deliktshaftung gegen die Nachkommen des Täters. Nur eine unvermeidliche Teilerscheinung dieses Repräsentationsgedankens ist es auch, daß die Kinder in gleicher Weise und mit Rechtsnotwendigkeit das Vermögen des Verstorbenen übernehmen, durch den Tod des Gewalthabers wie die ideelle, so auch die materielle Hausherrschaft erlangen. Möglich, daß dieser Herrengedanke in der Bezeichnung des Erben als hēres (= hĕrus?) seinen etymologischen Ausdruck findet.

Diese Auffassung des Erbrechtes als Fortsetzung der Persönlichkeit des Erblassers, die in der Erbschaft nur den Ausfluß der Persönlichkeit, bloß deren materielle Seite erblickt, schließt zugleich die Idee der Universalsukzession notwendig in sich, die das ältere Recht in der Tat beherrscht, in der Folge nur Abschwächungen erfuhr. Sie allein erklärt befriedigend den das römische Recht allezeit beherrschenden Grundsatz der Unverlierbarkeit der Erbenqualität (semel heres semper heres). Sie will jedoch keineswegs sagen, daß alle Rechtsbeziehungen vererblich sein müssen. Vererblich ist vor allem nur, was wirklich im Vermögen des Erblassers stand. Solang es daher kein freies Eigentum an Grund und Boden gab, konnte sich unbewegliches Gut auch nicht vererben. Daran erinnert noch die Bezeichnung der Erbschaft als familia durch die Zwölftafeln und in der Erbteilungsklage. Vererblich sind jedenfalls die beweglichen Sachen (res corporales). Zweifelhaft ist die Vererblichkeit von Forderungen und Schulden. Schon die Zwölftafeln stellen die Regel auf, daß Forderungen (nomina) und Schulden (aes alienum) zwischen mehreren Erben ipso iure geteilt seien. Damit ist ihre Vererblichkeit seitdem außer Zweifel gestellt. Die Frage ist nur, ob das von jeher rechtens war, ob es für alle Forderungen und Schulden galt und ob die Haftung den Erben oder nur die Erbschaft traf. Die Deliktsschuld war, mag sie auch als Blutrache und vielleicht einmal auch noch als öffentliche Strafe die Nachkommen getroffen haben, soweit unsere Kunde reicht, unvererblich. Ebenso begründete wohl der Natur der Sache nach Selbstvergeiselung und Bürgenstellung (praes, vas, sponsor, nexus) rein persönliche Haftung. War aber vermutlich einmal alle Verpflichtung Deliktshaftung und Kontraktschuld nur durch Vergeiselung Haftung begründend, so gab es jedenfalls eine Zeit, in der es vererbliche Verpflichtungen überhaupt nicht gab. Eine letzte Spur dieses Rechtszustandes mag man noch in der Unvererblichkeit der akzessorischen Bürgenhaftung erblicken. Jedenfalls ist er schon vor den Zwölftafeln verschwunden, auf die sich darum Gaius nicht als Quelle der bloß persönlichen Haftung des Bürgen berufen kann. Seitdem Schuld und Haftung grundsätzlich zusammenfallen, gehen sie regelmäßig auf den Erben über. Vollends unbewiesen ist, daß jemals die Forderungen als solche unvererblich gewesen seien. Wenn in den Quellen ihre Vererblichkeit wiederholt betont wird, so bleibt es zumindest ein gewagter Schluß, daß damit nicht etwas Selbstverständliches gesagt und es einmal anders gewesen sei. Nur hatte die Regel, wie später, so wohl von jeher ihre Ausnahmen. Man denke bloß an Mandat und Sozietät.

Davon unabhängig ist die Frage, ob zugleich mit der Vererblichkeit der Schulden auch sofort der Grundsatz der unbeschränkten Haftung des Erben in Geltung trat, oder ob es eine Zeit gab, in der die Nachlaßschulden bloß als eine Last des Nachlasses galten, bloß Vermögenshaftung des Nachlasses begründeten, darüber hinaus den Erben nicht haftbar machten. Es ist möglich, daß es eine solche Zeit gab. Aber für unsere Kenntnis der Dinge fallen Vererblichkeit der Schulden und unbeschränkte Haftung von jeher zusammen. Der Zwölftafelsatz, daß Forderungen und Schulden sich unter den Erben von selbst teilen, den man für die gegenteilige Ansicht verwerten wollte, setzt gerade umgekehrt das Prinzip der unbeschränkten Haftung voraus. Auch wäre doch irgendeine Nachricht darüber zu erwarten, daß man es hier mit einer folgenschweren Neuerung zu tun habe. Wie sehr die unbeschränkte Haftung mit der Erbenstellung verwachsen war, dafür ist nichts bezeichnender als der Umstand, daß die Erbschaft, die der Arrogatus oder die Frau bei der coemptio mitbrachte, samt den Nachlaßschulden auf den neuen Gewalthaber überging, während alle ihre anderen Schulden bei dieser Gelegenheit untergingen.

Das leitende Prinzip der Universalsukzession drückt sich in der Erbfolge der sui heredes aus. Die (gewaltunterworfenen) Kinder waren die geborenen Erben. Wo sie nicht geboren waren, konnte man sie durch Arrogation oder Adoption schaffen, deren ursprünglicher Zweck ja vermutlich gerade oder wenigstens auch hier zu suchen ist. Vielleicht waren daher die sui sogar einmal die einzigen Erben. Die Zwölftafeln nennen freilich daneben auch schon Agnaten und Gentilen. Die durchaus verschiedene Stellung dieser Erben, die anscheinend von jeher nicht ohne weiteres Erben wurden, nicht heredes necessarii waren, sondern die Erbschaft erst erwerben mußten, läßt jedoch eine jüngere Rechtsbildung, eine künstliche Fortentwicklung darin erkennen, der schon die Formulierung des Gesetzes Ausdruck verleiht: .... cui suus heres nec escit adgnatus proximus familiam habeto. Si adgnatus nec escit, gentiles familiam habento.

Diese Erbfolgeordnung der Zwölftafeln ist ausschließlich auf dem Agnatenverhältnis aufgebaut und unterscheidet wie das germanische Recht Haus und Sippe. Sie setzt das Anrecht der sui als selbstverständlich voraus, indem sie deren Berufung nur mittelbar anführt. Sie beruft die Agnaten nur in Ermangelung von sui, die Gentilen nur in Ermangelung von Agnaten: In legitimis hereditatibus successio non est. Sie kennt keinen Unterschied des Geschlechtes. Sie beruft alle Verwandten der jeweiligen Klasse. Die Gradesnähe macht einen Unterschied nur für die Teilung. Sui sind die durch den Tod des Gewalthabers gewaltfrei Gewordenen: Nunquam feminae suum heredem habere possunt. Sui sind eheliche und Adoptivkinder, die uxor in manu (filiae loco), die Enkel vorverstorbener oder nur für ihre Person aus der patria potestas ausgeschiedener Kinder. Sie erben nach Stämmen (in stirpes): aequum est enim nepotes in patris sui locum succedere et eam partem habere quam pater eorum si viveret habiturus esset. Agnaten fehlen dem Freigelassenen und Emanzipierten. Hier ersetzt der Patron den proximus agnatus. Mehrere proximi agnati (Geschwister) erben nach Köpfen (in capita). In letzter Linie sind die Geschlechtsgenossen berufen. Näheres ist darüber, da dieses Erbrecht schon in der ersten Kaiserzeit verschwand, nicht bekannt. Man kann namentlich darüber in Zweifel sein, ob die gens als solche oder ob die einzelnen Gentilen erbten. Das ursprüngliche Gentileigentum an Grund und Boden würde ein Erbrecht der gens nahelegen.

Allein die gens besaß als solche anscheinend niemals eine Vertretung, weder in magistratischer Form noch in der einer Gesamtversammlung. Das Geschlecht war ohne Haupt. Wahrscheinlich erbten daher, was auch der Wortlaut des Gesetzes andeutet, die Gentilen, nicht die gens. Über die Art der Verteilung des angefallenen Gutes unter die Gentilen fehlt jedoch jede Kunde.

Schon die Zwölftafeln verfügen ihre Erbfolge nur, si intestato moritur, und die gesetzliche Erbfolge wird der letztwilligen gegenüber stets als solche ab intestato bezeichnet. Das weist unzweifelhaft auf das Testament als regelmäßigen Berufungsgrund hin. Trotzdem kann es keinem Zweifel unterliegen, daß das testamentarische Erbrecht dem Intestaterbrecht erst nachgebildet ist. Zum Beweise dafür darf man sich freilich nicht auf die Bezeichnung der sui als necessarii heredes berufen. Denn so werden sie nicht genannt, weil sie Erben werden müssen, auch wenn es der Erblasser nicht will, sondern im Gegenteile deshalb, weil sie es auch wider Willen werden müssen, wenn nur der Erblasser will. Darum ist ja auch der Sklave ein heres necessarius. Aber wie der Gedanke der Universalsukzession sich nur aus dem Familiennexus zwischen Eltern und Kindern herausentwickeln konnte, so erweist sich auch im einzelnen das testamentarische Erbrecht als eine allmähliche und teilweise Ablösung der erbrechtlichen von der familienrechtlichen Repräsentation. Am deutlichsten zeigt sich das am Patronatsrecht, das auf die Kinder übergeht, auch wenn die Erbschaft anderen zufällt.

Wohl beweist aber die stete Anlehnung der gesetzlichen Erbfolge an die testamentarische, daß diese sehr bald, jedenfalls längst vor den Zwölftafeln üblich geworden sein und die Regel gebildet haben muß. Nur ist der Ausgangspunkt wahrscheinlich ein anderer, als die spätere Entwicklung vermuten ließe. Den nächsten Anlaß bot vermutlich der Mangel an Leibeserben.

Der Umstand, daß dem eingesetzten Erben noch später vielfach auferlegt wurde, den Namen des Testators zu führen, verrät deutlich die auch für Adoption und Arrogation maßgebende Tendenz, den aussterbenden Namen und Familienkult fortzupflanzen. Möglich, daß diese Tendenz des Testamentes ursprünglich sogar in einer Verbindung von Erbeinsetzung und Arrogation zum Ausdrucke kam. Nicht als ob sich die testamentarische Erbeinsetzung des römischen Rechtes auch nur mit einer gewissen Wahrscheinlichkeit von einer der griechischen *εἰςποίησις* gleichzusetzenden adoptio per testamentum ableiten ließe. Denn die sogenannte adoptio per testamentum, die in nicht juristischen Quellen begegnet, ist anscheinend zu jung, als daß sie mit dem ältesten Testament in Verbindung gesetzt werden könnte. Auch ist nirgends eine Spur davon zu finden, daß der eingesetzte Erbe jemals Agnat des Erblassers geworden wäre. Nicht besser steht es um die Gleichsetzung des ältesten römischen Testamentes mit dem fränkischen Adfatimus oder mit dem langobardischen Gairethinx, um die Ausdeutung dieses Testamentes als adoptio in hereditatem. Möglich ist nur, daß einmal die Erbeinsetzung die Arrogation ersetzte, wenn der Berufene die patria potestas des Erblassers vermeiden, aber dessen sacra auf sich nehmen wollte. Die Mitwirkung der Pontifizes in beiden Fällen, die gleiche Form des Rechtsaktes und derselbe Zweck beider Institutionen würde diesen Zusammenhang um so wahrscheinlicher machen, als die innere Entwicklung, Ersatz des fehlenden Leibeserben bei Lebzeiten durch Arrogation, schließlich Verzicht auf dieses künstliche Mittel und unmittelbare Berufung des extraneus für den Todesfall denselben Weg weist.

Ein zweiter, nicht minder kräftiger Antrieb für die Ausbildung der testamentarischen Berufung war wohl das umgekehrte Bestreben, solche Personen, die das Gesetz zur Erbschaft berief, davon auszuschließen, um eine Zersplitterung des Vermögens hintanzuhalten, so daß das Testament darum vielleicht zugleich mit dem Privateigentum an Grund und Boden zur Entwickelung gelangte. Denn in demselben Maß, in dem die Aufteilung der Fahrhabe unter die Leibeserben als naturgemäß erschien, mußte sich gerade umgekehrt die Zerschlagung des Grundbesitzes als unzweckmäßig erweisen, mußte sich der Wunsch geltend machen, das bäuerliche Erbgut in einer Hand zusammenzuhalten.

Die Tendenz, einer zu starken Belastung des Familiengutes vorzubeugen, liegt ja schon gewissen Einrichtungen der Urzeit unverkennbar zugrunde. Kinderaussetzung und ver sacrum sind kaum anders zu verstehen. Demselben Zwecke diente vielleicht wenigstens zum Teile die Emanzipation. Aus diesem Gesichtspunkt ist auch die Ausheiratung der Töchter zu beurteilen. Mag auch in Rom selbst ursprünglich noch der Brautkauf geherrscht haben, so ist doch die Dotierung der Tochter anläßlich der Verehelichung, ihre Ausstattung mit einem Heiratsgute, die Zuwendung eines Vermögenswertes durch den Vater der Frau an den Mann in der entsprechenden Übertragungsform durch Manzipation, Injurezessio usw. (dotis datio) oder durch sponsio (dotis promissio) sicherlich sehr alt. Der Zweck der dos war aber ursprünglich nicht so sehr der, einen Beitrag zu den Lasten der Ehe zu leisten. Diese Auffassung scheint erst spät klassisch zu sein. Vielmehr sollte damit die Tochter erbrechtlich abgefunden werden. Darum fiel die dos an den Vater zurück, wenn die Tochter vor ihm starb (dos profecticia). Darum wurde sie bestellt für die Ehe mit und ohne manus, weil zwar die Ehe ohne manus der Tochter die Möglichkeit läßt, ihren Vater zu beerben, weil ihr aber dieses Erbrecht entzogen werden kann und (gegen Gewährung der dos) auch regelmäßig entzogen worden sein wird.

Dieselbe Absicht, den alten bäuerlichen Besitz in einer Hand zu erhalten, der das gesetzliche Erbrecht mit seiner Gleichstellung aller Kinder, der Söhne und Töchter, entgegenwirkte, sollte nun auch das Testament verwirklichen helfen. Es sollte ein bäuerliches Anerbenrecht sichern. Es diente zunächst nicht der Erbeinsetzung, sondern der Enterbung und förderte damit den Gegensatz der Besitzenden (adsidui) und der Enterbten (proletarii). Diese ursprüngliche Bedeutung des Testamentes kommt vielleicht noch in der reichen Rechtsliteratur der späteren Zeit zum Ausdrucke, die gerade der Kasuistik der exheredatio gewidmet ist.

Zweck und Inhalt des Testamentes spiegeln sich vor allem in dessen Formen wider. Seine älteste Form ist mündliche Erklärung vor versammeltem Volke: testamentum in comitiis calatis und in procinctu, womit das Testament von selbst Frauen verschlossen ist. Die entscheidende Frage ist, welche Rolle dem Volke dabei zukam. Die comitia calata sind unter dem Vorsitze des pontifex maximus (oder des rex sacrorum?) tagende (Zenturiat- oder Kuriat-)Komitien, die als Kuriatkomitien zweimal des Jahres (wahrscheinlich am 24. März und 24. Mai) zur Testamentserrichtung der Bürger berufen wurden. Gestützt darauf, daß gerade diese Testamentskomitien gelegentlich als contio bezeichnet werden, womit regelmäßig der Gegensatz zur beschlußfassenden Volksversammlung ausgedrückt wird, und daß testamentum, testator, testari die Anrufung zur Zeugenschaft bedeuten, daß endlich dem Pontifex das ius agendi cum populo gefehlt habe, will man vielfach dem Volke auch hier von Anfang an nur die Rolle des Zeugen zuweisen. Die Argumente sind jedoch nicht zwingend. Man kann eben darum, weil auch die comitia (calata) als contiones bezeichnet werden, die Strenge des Sprachgebrauches bezweifeln oder die derart sprechende Quellenstelle „auf eine jüngere Handhabung der alten Testamentsform" beziehen. Testis mit seiner Sippe aber bedeutet ebenso wie „Zeuge" auch Sicherung, Schutz, Garantie. Nun ist zwar auch der Gesetzescharakter des Komitialtestamentes aus den Quellen nicht unmittelbar zu belegen. Namentlich ist die Analogie der Arrogationskomitien nicht zwingend, da sie vielleicht unter obrigkeitlicher Leitung, lediglich arbitris pontificibus stattfanden. Immerhin wird man sich darauf berufen dürfen, daß auch hier eine rogatio des Oberpontifex erfolgte, die der Annahme durch das Volk bedurfte. Wie jedoch die Arrogation trotzdem nicht so sehr Akt der Gesetzgebung ist, sondern vielmehr durch Erteilung des Vollwortes der Gemeinde zu dem privaten Willensakt (populi auctoritate) zustande kommt, so wird auch das Komitialtestament, zumal nicht die Komitien, sondern der Erblasser als Testator galt — qui . . calatis comitiis . . testamentum fecerat, sagt Gajus —, nicht gerade als Volksgesetz, sondern als private Willensäußerung anzusehen sein, die lediglich zu ihrer Vollendung und rechtlichen Wirksamkeit des Vollwortes der Gemeinde, der Bekräftigung durch Kurienbeschluß bedurfte. Das Testament war Zeugnisleistung und Volksbeschluß zugleich.

Die schwache Grundlage, die diese Anschauung in den Quellen findet, wird durch innere Gründe wesentlich verstärkt. Das Testament ist Abänderung der Rechtsordnung, des gesetzlichen Erbrechtes, für den einzelnen Fall. Solche Änderung durch Privatwillkür, Testierfreiheit, Ausschluß der gesetzlichen Erben, fiktive Fortsetzung einer untergehenden Persönlichkeit durch eine oder mehrere, willkürlich Ausgewählte, das sind, selbst wenn man Begründung von Eigentum und Forderungsrechten ohne Mitwirkung des neuen Eigentümers oder Gläubigers (Legate) und Verleihung der Freiheit an Unfreie ohne Mitwirkung der Obrigkeit (Freilassung) für die älteste Zeit noch als möglichen Testamentsinhalt ablehnt, Abweichungen von der normalen Rechtsordnung, die als Akt des reinen Privatwillens geradezu undenkbar sind.

Dasselbe lehrt die Rechtsvergleichung. Der Gedanke der

Testierfreiheit ist den altarischen Rechtsanschauungen durchaus fremd. Das Testament konnte nur als „Privileg", als „das bestehende Recht für den einzelnen Fall abändernder Volksbeschluß" Eingang in die Rechtsordnung finden. Nur freilich verlor die aktive Mitwirkung des Volkes durch die Gewöhnung an das Außerordentliche als Regel immer mehr und mehr ihr Gewicht, fiel sie schließlich ganz weg, beschränkte sich die Bürgerschaft schließlich hier ganz ebenso auf die Zeugenschaft, wie das bei der Arrogation üblich wurde.

Diesen Umschwung vermittelte das darum gewiß jüngere, aber wohl ebenfalls schon in die Zeit vor den Zwölftafeln zurückreichende testamentum in procinctu. Es ist, wie die Veroneser Vergilscholien außer Zweifel stellen, nicht ein in der Heeresversammlung, in den Zenturiatkomitien errichtetes und demnach nur als Spielart des Komitialtestamentes anzusehendes Testament, sondern die vor der Schlacht, in der Schlachtordnung abgegebene letzte Willenserklärung, der die Kampfgenossen naturgemäß nur als Zeugen beiwohnen. Es ist nicht Militärtestament im späteren Sinne, weil Bürger und Soldat in dieser Zeit eins sind, und darum vielleicht auch nicht in seiner Gültigkeit zeitlich, durch den Tod in der Schlacht oder durch Beendigung des Feldzuges beschränkt, wenn dafür nicht andre, noch zu erwägende Gründe entscheidend gewesen sein sollten.

Obwohl von Haus aus bloßes Zeugnistestament, äußert es doch auch anscheinend über die Kraft des Einzelwillens hinausgehende Rechtswirkungen, insofern es Eigentums- und Gläubigerrechte durch einseitige Verfügung schafft. Man ist daher versucht, Ableitung von einem Geschäft unter Lebenden anzunehmen. Als Anknüpfungspunkt würde sich die mortis causa donatio darbieten, deren eigentümliche unbefriedigende Zwitterstellung im späteren Rechte sie nur als Überrest einer verschollenen Zeit verständlich macht. Unterstützt wird diese

Vermutung, in der Schenkung von Todes wegen das Vorbild des (Vermächtnis-) Testamentes zu erblicken, nicht bloß durch die Rechtsvergleichung. Man kann sich dafür namentlich auch auf das offenbar hohe Alter der Schenkung von Todes wegen berufen, die nicht bloß schon in der lex Furia und lex Voconia berücksichtigt erscheint, sondern bereits nach der zweiten Klasse der älteren Pontifikalordnung für die Verpflichtung zu den Familiensakra entscheidend war (si maiorem partem pecuniae capiat). Charakteristisch ist ferner, daß sie anfänglich gleich dem Vermächtnistestamente nur urgente morte üblich und vermutlich auch durch den Eintritt des Todes in dieser Gefahr bedingt war, so daß man sie sich als fiduziarische Manzipation zu denken haben wird. Endlich ist zu beachten, daß der für die Entwicklung der Testierfreiheit entscheidende, weil die Anerkennung der Erbenqualität bedeutende Schuldenübergang auf den Testamentserben an die (mortis causa?) capio angeknüpft erscheint.

Nicht mehr als Vermächtnistestament war anscheinend nicht bloß das testamentum in procinctu, sondern auch die dritte noch in dieser Zeit, aber doch wohl erst im Anschluß an die Zwölftafeln ausgebildete Testamentsform, das testamentum per aes et libram. Die vielgerühmte Testierfreiheit des römischen Rechtes ist erst ein Produkt der an die Zwölftafeln anschließenden interpretatio. Das Manzipationstestament wurde wie das in procinctu geschaffen, um dem Bürger, si subita morte urguebatur, Ersatz zu bieten für die versäumte Errichtung eines Testamentes in comitiis calatis. Für seine Entstehung erst in der Zeit nach den Zwölftafeln sprechen abgesehen von anderen namentlich drei Erwägungen. Wenn Gajus berichtet, daß diese Testamentsform zu den beiden anderen hinzutrat (accessit), so hat er jedenfalls diese spätere Zeit im Auge. Begegnet doch nirgends bei den römischen Juristen eine Kunde der Rechtszustände vor den Zwölftafeln.

Verzichtet man ferner auch darauf, zwischen familia und pecunia einen grundsätzlichen Gegensatz (res mancipi und nec mancipi) anzunehmen, so ist es doch unwahrscheinlich, daß der Zwölftafelsatz, der letztwillige Verfügungen — wenigstens teilweise — freigibt, (nach der verläßlichsten Überlieferung) nur von pecunia gesprochen hätte, wenn er gerade die Vergabung an den familiae emptor im Auge gehabt haben sollte. Entscheidend scheint endlich die Berufung des familiae emptor auf die lex publica. Diese Anspielung auf das (Zwölftafel-) Gesetz verrät deutlich den gekünstelten, durch Interpretation des Gesetzes gewonnenen Charakter des Manzipationstestamentes.

Das testamentum per aes et libram war Hingabe des Vermögens an einen Freund, den familiae emptor, durch Manzipation, wodurch es Frauen ohne auctoritas tutoris, Tauben und Stummen verschlossen war, mit der Weisung, nach des Hingebenden Tod in bestimmter Weise darüber zu verfügen. Auffällig ist an diesem Manzipationsakt außer der Manzipation der familia als solcher, die der Regel widerspricht, daß nur so viele Sachen zugleich manzipiert werden dürfen, als sich mit einem Handgriff anfassen lassen, das Fehlen eines Vorbehaltes, obwohl doch der Manzipant das Vermögen für den Rest seines Lebens behalten will, und als Folge davon die Unwiderruflichkeit der Verfügung, da sie in Form einer Veräußerung erfolgt ist. Den Schlüssel zur Lösung dieser Schwierigkeiten muß die Stellung des familiae emptor bieten.

Er war ursprünglich heredis loco. Damit ist jedenfalls gesagt, daß das Testament selbst keine Erbeinsetzung, nur Vermächtnisse u. a. m. enthielt. Der familiae emptor nahm ferner, mag man die positiven Rekonstruktionsversuche an dem Berichte des Gajus auch skeptisch aufnehmen, die familia anscheinend nicht mit „meam esse aio", sondern bloß zur custodela in Anspruch. Er erwarb nicht einmal formales

Eigentum, denn seine Stellung wird nie und nirgends als die eines fiduziarischen Erwerbers charakterisiert. Er spielte vielmehr wohl nur die Rolle eines Salmannes, gewissermaßen eines Testamentsvollstreckers, der das Eigentum des Erblassers an der familia unberührt ließ, nur vielleicht dritten gegenüber durch prokuratorische Vindikation des Nachlasses geschützt war. Auch der familiae emptor war nicht heres, sondern bloß heredis loco, das aber, weil er wie der Erbe zur Ausführung des erblasserischen Willens berufen und verpflichtet war. Damit verliert die Manzipation ohne Vorbehalt ihre Bedenklichkeit. Damit entfällt auch die Unwiderruflichkeit, weil das Vermögen nach wie vor in der Verfügung des Erblassers bleibt. Damit wird auch die Universalmanzipation verträglich, die sich anscheinend auf den Zwölftafelsatz stützt, daß für die Wirkung der Manzipation nicht der Realakt, sondern die nuncupatio entscheidend sei; zugleich ein weiterer Beweis für das jüngere Alter dieses Testamentes. Wer freilich das Formular des Gajus völlig verwirft, weil es nicht ursprünglich sein dürfte, und sich darauf beruft, daß vielleicht noch das klassische Recht Reminiszenzen an ein wenngleich nur formalistisches Eigentum des familiae emptor aufweise, der muß dem familiae emptor schon bei Lebzeiten des Erblassers volles fiduziarisches Eigentum an dem Nachlaß einräumen, den Erblasser auf den zunächst noch schutzlosen Besitz beschränkt denken und die Unwiderruflichkeit des Testamentes in den Kauf nehmen. Zu entscheiden ist die Frage mit unseren heutigen Mitteln nicht.

Ob so oder so, jedenfalls begründete das Manzipationstestament vorerst nur Vermächtnis-, nicht Erbfolge. Der familiae emptor steht bloß heredis loco. Er ist nicht Erbe, nicht Universalsukzessor. Er übernimmt nur die familia, die körperlichen Sachen, vielleicht auch die Forderungen (?), jedenfalls nicht die Schulden. Erbe kann er vor allem deshalb nicht gewesen sein, weil familiae mancipatio gerade dem natürlichen Erben, dem filius familias gegenüber nicht möglich war. Man wollte denn annehmen, daß dieses Testament ursprünglich bloß in Ermangelung von Leibeserben üblich war, oder daß man durch dieses Testament Leibeserben grundsätzlich ausschloß. Eines so unglaubwürdig wie das andere. Beides widerspricht der wahrscheinlichen ratio des Testamentes und der Idee des formellen Noterbrechtes.

Die Testierfreiheit des Manzipationstestamentes war demnach anscheinend tatsächlich nur Legierfreiheit. Das allein spricht schon dafür, daß es auch beim Testament in procinctu nicht anders gewesen sei. Nicht mehr sagt auch der vielberufene Zwölftafelsatz: Uti legassit super pecunia tutelave suae rei ita ius esto. Zwar deutet schon Q. Mucius Scävola (Konsul 95 a. Ch. n.) diesen Satz auf alle testamentarischen Verfügungen, namentlich auch auf Erbeinsetzungen. Trotzdem ist das kaum der ursprüngliche Sinn. Noch Gajus beruft sich auf den Satz zum Beweise dafür, daß es dem Erblasser freistand totum patrimonium legatis atque libertatibus erogare nec quicquam heredi relinquere praeterquam inane nomen heredis, was den Schluß gestattet, daß der Satz ursprünglich nicht erlaubte, dem gesetzlichen Erben sein Erbrecht zu nehmen, andere an seiner Statt als Erben zu berufen.

Was darum beim Manzipationstestament schon aus formellen Gründen nicht möglich war, das war den anderen, älteren Testamentsformen offenbar durch die Rechtsordnung versagt. Eine Änderung der gesetzlichen Erbfolge war nur mit Zustimmung der Komitien möglich. Das freie Testament trat zunächst nicht an Stelle, sondern bloß an die Seite der gesetzlichen Erbfolge. Was nicht durch Testament (als Vermächtnis) vergeben war, fiel dem gesetzlichen Erben zu. Nur so ist eine Reihe von Rechtsregeln verständlich, die an sich bloß auf die gesetzliche Erbfolge passen, auf die testamentarische nur unzweckmäßigerweise übertragen wurden. Man denke etwa an das Anwachsungsrecht, das, von dem Satze: partes concursu fiunt ausgegangen, in seinen üblen Folgen auf die testamentarische Erbfolge erst durch die coniunctio ausgeglichen werden mußte. Den schlagendsten Beweis liefert vielleicht die dem Pflichtteilsberechtigten später gewährte quarta legitima. Sie lehnt sich deutlich an die quarta Falcidia an, wird gelegentlich selbst so genannt. Der Grund ist vermutlich der, daß nicht bloß die lex Falcidia, sondern bereits ihre Vorläuferinnen, die lex Furia und die lex Voconia, ursprünglich nicht den Erben überhaupt, sondern den gesetzlichen Erben schützen wollten, der anfänglich allein neben dem Vermächtnisnehmer in Betracht kam. Erst als der heres extraneus den suus verdrängte, war es notwendig, diesem noch einen besonderen Schutz durch das materielle Noterbrecht angedeihen zu lassen.

Laufen aber gesetzliche Erbfolge und Vermächtnistestament anfänglich anscheinend nebeneinander her, so sind die Grundpfeiler des späteren römischen Erbrechtes, heredis institutio caput et fundamentum totius testamenti und nemo pro parte testatus pro parte intestatus decedere potest, erst ein Produkt der Rechtswissenschaft, seitdem die Testierfreiheit in vollem Umfang anerkannt war. Das geschah vermutlich erst mit der Umbildung des Manzipationstestamentes zum Erbentestament, die, wie die Begründung der Testierfreiheit mit dem seiner ursprünglichen Bedeutung nach auf die Legierfreiheit beschränkten Zwölftafelsatz, bereits aus dem Rahmen der hier behandelten Zeit herausfällt.

Für die älteste römische Rechtsperiode erweist sich das Testament demnach im wesentlichen, wenigstens soweit es reiner Privatwillensakt ist, als Vermächtnisverfügung. Auch die Legierfreiheit ist zunächst beschränkt auf das „Militärtestament", allgemeiner seit den Zwölftafeln, völlig unbeschränkt anscheinend erst im Manzipationstestament. Denn nimmt man die Zwölftafelregel in ihrer besten Überlieferung wörtlich, so gibt sie nur tutela und pecunia der Privatwillkür frei, und nicht mehr, als sie gestattet, wird man auch dem älteren testamentum in procinctu zuschreiben dürfen. In Schwebe sind namentlich die Freilassungen. Zwar enthielten bereits die Zwölftafeln einen schon gelegentlich erwähnten Satz über den statu liber. Auch führen die Juristen mehrfach die testamentarische Freilassung auf die Zwölftafeln zurück. Möglicherweise war sie aber wie die Erbeinsetzung nur mit Zustimmung des Volkes zulässig. Denkbar wäre auch, daß die Freilassung zwar durch bloße Willkür des Herren erfolgen konnte, aber dann bloß beschränkte Wirkung äußerte, nicht Bürgerrecht, sondern nur „Rechtsschutz und Heimatsangehörigkeit" gewährte, und bloß das vielleicht auch noch in historischer Zeit bei Freilassung durch Manzipationstestament.

Das Manzipationstestament ist nur Vermächtnistestament. Neben Vormundbestellung und Freilassung sind Vermächtnisse sein einziger Inhalt. Nicht anders war es vermutlich beim Testament in procinctu. Das Komitialtestament war dagegen gerade umgekehrt von Haus aus wohl in erster Linie Erbentestament und eben darum an die Zustimmung des Volkes gebunden. Sobald jedoch die Legierfreiheit anerkannt war, mußte sie logischerweise auch dem Komitialtestamente zugute kommen. Darum war auch das Komitialtestament vermutlich schon längst vor den Zwölftafeln an die Zustimmung der Gemeinde nur gebunden, soweit Erbeinsetzungen (und Freilassungen?) in Frage standen.

Erbeinsetzung und Vermächtnis sollen zwar beide erst nach dem Tode des Verfügenden wirksam werden. Aber ihr Zweck, Fortsetzung der Persönlichkeit dort, reine Vermögenszuwendung hier, ist so verschieden, daß weder ihre Vereinigung zu einem Rechtsakte noch Abhängigkeit des Vermächtnisses von testamentarischer Beerbung innerlich geboten ist. Der beste

Beweis dafür ist das Manzipationstestament. Es ist daher an sich gewiß denkbar, daß das Vermächtnis von Haus aus selbständig gewesen sei, in keiner Verbindung mit dem Testament gestanden habe. Auch aus diesem Gesichtspunkt ist es deshalb nicht unwahrscheinlich, daß der Vermächtniszweck zuerst durch mortis causa capio befriedigt wurde. Sobald freilich das Vermächtnis von der Schenkung auf den Todesfall abgespalten wurde, vollzog sich wohl zugleich sein Anschluß an das Testament. Denn man dachte zwar auch schon an eine selbständige mündliche Erklärung vor Zeugen in bestimmten Worten als älteste Vermächtnisform. Allein die gekünstelte mancipatio familiae des späteren Rechts wäre unbegreiflich, wenn sich schon im älteren Rechte für denselben Zweck eine andere einfachere Form ausgebildet gehabt hätte. Das Vermächtnis muß daher wohl von Anfang an dem Testament angegliedert gewesen sein, ursprünglich vielleicht wie der übrige Inhalt an die Zustimmung der Komitien gebunden, aber schon im testamentum in procinctu und seitdem wohl auch im Komitialtestament, jedenfalls aber seit den Zwölftafeln davon befreit, so daß die Bürgerschaft nur mehr der Erbeinsetzung zuzustimmen, Vermächtnisse bloß zu bezeugen hatte.

Von den vier Vermächtnisformen des späteren Rechtes scheint dieser Zeit allerdings nur das legatum per vindicationem, das „Verfügungsvermächtnis" bekannt gewesen zu sein. Das Wesen dieses Vermächtnisses liegt, wie der Hinweis auf die vindicatio anzeigt, in der dem Vermächtnisnehmer dadurch eingeräumten Eigenmacht, sich selbst zu befriedigen. Es ist daher nur an Sachen möglich, die zur Erbschaft gehören. Solche Eigenmacht setzt noch die bereits erwähnte lex Furia notwendig voraus, so daß anscheinend auch ihr noch das bloß Forderung begründende Vermächtnis (per damnationem) fremd war. Unterstützt wird diese Annahme auch durch den oft angeführten Zwölftafelsatz, der dem Erblasser gerade nur das legare suae rei gestattet, womit wiederum das Wesen des Vindikationslegates „mit musterhafter Schärfe und Kürze“ bestimmt erscheint. Dazu kommt, daß die ursprünglich anscheinend schlechthin geforderte Legatsform (do lego) späterhin nur beim Vindikationslegat üblich ist. Endlich geschieht es gewiß nicht ohne Grund, daß bei Aufzählungen der vier Vermächtnisformen das Vindikationslegat stets an erster Stelle erscheint, und daß das Wort legare gerade nur in der Errichtungsformel des Vindikationslegates technisch ist.

Das Vindikationslegat ist demnach nicht nur die älteste, sondern auch die einzige Vermächtnisform dieser Zeit. Jedenfalls sind alle Versuche gescheitert, mit oder ohne Hilfe der Quellen die entgegengesetzte Ansicht zu begründen.

Das Testament diente seiner ursprünglichen Zweckbestimmung nach vermutlich vor allem auch der Enterbung. Die Frage ist nur, ob es diese Absicht zum Ausdrucke bringen mußte, ob von vornherein formelles Noterbrecht der Leibeserben bestand, oder ob dieser Zweck schon durch die Berufung bestimmter Erben erreicht wurde, ob der Erblasser in den Komitien erklären mußte: Titius filius meus exheres esto (ceteri omnes exheredes sunto), oder ob es zur Enterbung des einen Filius genügte, wenn er ausdrücklich nur den oder die anderen als Erben einsetzte. Vermutlich konnte das Testament von jeher nur jenen gesetzlichen Erben Abbruch tun, die es im Augenblicke der Testamentserrichtung schon waren. Denn nur die (ausdrückliche oder stillschweigende) Enterbung konnte dem suus sein angestammtes Recht entziehen. Der Ungeborene aber kann, wie nicht eingesetzt, so auch nicht enterbt werden. Darum ist wohl der Satz: postumi agnatione testamentum rumpitur so alt wie das Testament selbst. Nur galt allmählich als postumus in diesem Sinne jeder, der erst nachträglich suus geworden war, nicht bloß der nachgeborene Sohn, sondern auch der nachträglich Adoptierte oder Arrogierte, die später angeheiratete Frau filiae loco, der durch Ausscheiden seines Vaters suus gewordene Enkel usf., so daß die spätere Rechtsentwicklung gerade umgekehrt darauf abzielte, solche postumi schon im vorhinein für den Eventualfall wirksam zu enterben. Ist aber diese Regel uralt und trotzdem in den Zwölftafeln nicht ausgesprochen, so schließt es auch die Annahme des formellen Noterbrechtes schon für diese Zeit nicht aus, daß das Zwölftafelrecht nichts davon erwähnt zu haben scheint. Dem steht auch die Testierfreiheit der Zwölftafeln nicht entgegen. War sie doch nur Legierfreiheit, und beeinflußt doch das formelle Noterbrecht nur die Form, nicht den Inhalt des Testamentes. Eine oft berufene Cicerostelle endlich beweist nicht gegen den damaligen Bestand des formellen Noterbrechtes, sondern nur gegen das Erfordernis der ausdrücklichen Enterbung (nominatim) des Sohnes im Gegensatze zu der allgemeinen (inter ceteros) anderer sui, die in der Tat erst durch die spätere Theorie oder vielleicht durch die Praxis des Zentumviralgerichtes im Zusammenhange mit der auch sonst allmählich eingetretenen Bevorzugung des filius familias geschaffen zu sein scheint. Man wird demnach wohl das formelle Noterbrecht in dieser allgemeinen Form zum ältesten Bestande des Testamentsrechtes rechnen dürfen, dazu bestimmt, dem Beschlusse der Kurien entsprechende Anhaltspunkte zu bieten, leichtfertige Enterbungen zu vermeiden, die Enteignung des durch das gemeine Recht zur Gemeinschaft an dem Erbgute berufenen Hauskindes durch „Sondergesetz" deutlich zu machen.

Der suus wird von selbst (ipso iure) Erbe, ob er will oder nicht. Der Tod des Gewalthabers macht ihn zum freien Herren des Erbgutes. Sind der sui mehrere, so treten sie in Gemeinschaft (consortium), die erst durch Auseinandersetzung (actio familiae erciscundae) gelöst werden muß. Der suus ist heres (suus et) necessarius. In derselben Lage befindet sich, heres necessarius ist auch das mancipium oder der servus, die, seit das möglich ist, cum libertate zur Erbschaft berufen, im Testament freigelassen und als Erben eingesetzt sind. Nur macht den Sklaven bloß die gleichzeitige Freilassung erbfähig. Anderenfalls erwirbt er zugunsten dessen, der im Augenblick des Erbschaftserwerbes sein Gewalthaber ist. Dieser automatische Erbschaftserwerb ließe sich für die sui sehr wohl aus der Idee eines schon bei Lebzeiten des Erblassers begründeten Anrechtes am Erbgut erklären. Diese Erklärung versagt jedoch für den Sklaven. Andererseits scheinen der proximus agnatus und die Gentilen, seit sie zur Erbschaft berufen waren, niemals als heredes necessarii gegolten zu haben, obwohl auch nach dieser Richtung der Gedanke des „Familieneigentums" durchschlagen könnte. Das Entscheidende war daher wohl die Hausangehörigkeit, die den heredes domestici die Notwendigkeit ersparte, sich der Erbschaft erst durch Zugriff zu bemächtigen. Der beste Beweis dafür ist der Umstand, daß auch der Enkel des Erblassers von einem noch in dessen Gewalt lebenden Sohne die Stellung eines heres necessarius einnahm, wenn er ex testamento — ab intestato war er durch seinen Vater ausgeschlossen — zur Erbschaft des Großvaters berufen war.

Der heres extraneus mußte die Erbschaft erst durch Zugriff erwerben. Er mußte sie antreten (adire). Die Erwerbshandlung war die cretio, ein Formalakt, die mündliche Erklärung der Annahme vor Zeugen in bestimmten Worten: Quod me P. Maevius (testamento suo) heredem instituit, eam hereditatem adeo cernoque. Dem Formalismus des alten Rechtes entsprechend war diese feierliche aditio wohl die einzig mögliche, ebenso bei gesetzlicher wie bei testamentarischer Erbfolge, und nicht erst durch die Erblasser willkürlich im Testament geschaffen. Nur die übliche Frist von hundert (aufeinanderfolgenden, cretio continua, oder dies utiles, cretio vulgaris) Tagen mag erst allmählich ausgebildet worden sein.

Wenigstens findet die usucapio pro herede, die Ersitzung der Erbschaft durch einjährigen Besitz, ihre natürlichste Erklärung als Pressionsmittel, das den Erben, dem eine Überlegungsfrist nicht vorgeschrieben war, zur Entscheidung drängen sollte. Sie verhinderte zugleich, daß die Familiensakra zu lange verwaist blieben, und diente vor allem dazu, das vorerst herrenlose Gut wieder zum zensuspflichtigen Vermögen eines Bürgers zu machen sowie den Gläubigern des Erblassers wieder einem Schuldner gegenüberzustellen. Die einheitliche einjährige Frist scheint ein hohes Alter dieser Ersitzung anzudeuten, sie in die Zeit vor Entwicklung des Privateigentums an Grund und Boden zu verweisen. Allein sie versagt gerade gegenüber dem ältesten Erben, gegenüber dem heres domesticus, der ipso iure Erbe wurde. Sie kann daher erst mit dem heres extraneus, frühestens mit der Ausdehnung des Erbenkreises auf Agnaten und Gentilen aufgekommen sein. Vielleicht ist sie gar erst ein Kunstprodukt der Rechtswissenschaft aus der Zeit nach den Zwölftafeln.

Ein anderes Mittel, die Erblosigkeit zu verhindern, stand dem Erblasser selbst zu Gebote. Er konnte für den Fall, daß der von ihm berufene Erbe nicht rechtzeitig annahm, einen zweiten Erben berufen (Vulgarsubstitution) und an den Schluß der Reihe vorsichtsweise einen eigenen Sklaven cum libertate als Zwangserben setzen. Doch gehört diese bedingte Erbeinsetzung und noch mehr ihre Fortbildung in Gestalt der Pupillarsubstitution wohl erst einem entwickelteren Rechtszustande an, dessen Hauptsorge es nicht mehr war, die Erbschaft dem ältesten Leibeserben zu sichern.

Die cretio ist auf die Erbschaft als Ganzes gerichtet. Ebenso erfaßt die usucapio pro herede die Erbschaft als Ganzes. Dasselbe Ziel verfolgt der Erbe, wenn ihm die Erbschaft widerrechtlich vorenthalten wird, mit der hereditatis petitio. Sie ist vindicatio hereditatis, wie die vindicatio rei eine legisactio sacramento in rem. Bedingt durch die Erbenqualität des Klägers richtet sie sich gegen den, der dieses Erbrecht bestreitet, weil er selbst Erbe zu sein behauptet (der später sogenannte possessor pro herede) oder die Erbschaft als solche durch usucapio pro herede in Anspruch nimmt (der später sogenannte possessor pro possessore). Sie ist möglich erst seit Anerkennung der Erbschaft als Einheit. Diesen Zeitpunkt zu fixieren, ist nicht möglich. Jedenfalls lag er schon vor den Zwölftafeln, die bereits Erbschaftsforderungen und Erbschaftsschulden kennen. Vorher konnte auch der Erbe nur die einzelnen Erbschaftssachen als Eigentümer mit der vindicatio in Anspruch nehmen.

Die Anerkennung der Erbschaft als Ganzes ermöglichte es endlich auch, die Erbschaft als solche zum Gegenstand eines Rechtsgeschäftes zu machen. Sie konnte durch in iure cessio entgeltlich (Erbschaftskauf) oder unentgeltlich übertragen werden. Geschah das aber, nachdem der Berufene durch Antretung (oder ipso iure) bereits selbst Erbe geworden war, so übertrug die in iure cessio stets nur die körperlichen Erbschaftssachen. Die Nachlaßforderungen erloschen, weil sie nicht in iure zediert werden konnten, der Zedent aber durch die in iure cessio seiner Erbenstellung verlustig geworden war. Die Nachlaßschulden verpflichteten nach wie vor den Erben. Geschah sie vor der aditio, was nur bei gesetzlicher Erbfolge (eines Agnaten oder Gentilen), niemals dem Testamentserben gestattet war, so bewirkte sie Eintritt des Zessionars in die Erbenstellung. Auch dieser Vorgang ist offensichtlich Kunstprodukt der Rechtswissenschaft. Sein Zweck war vermutlich, die fehlende successio ordinum et graduum zu ersetzen. Darum geschah seine Beschränkung auf den Intestaterben.

Register.

FSC
www.fsc.org
MIX
Papier | Fördert gute Waldnutzung
FSC® C083411

Kolibri 360 GmbH
Ferdinand-Jühlke-Straße 7
99095 Erfurt, Deutschland
produktsicherheit@kolibri360.de